LONDON DAY TOUR IN STYLE
一日倫敦人的風格散步

NONTWINS

作者序

寫到第二本書才發現，我總是喜歡在書寫完後才回頭寫序，像是自己多年來養成的旅行習慣，旅程的當下盡量不去思考太多，等到結束再來慢慢回味記下。

幸運的是，旅行到今天，能與愈來愈多人分享這一路上的所想所見。

《一日倫敦人的風格散步》，可說是我們走過的倫敦精華篇，用15條路線精釀出最具特色的倫敦旅遊地域，內含各式姿態的倫敦角落。《一日倫敦人的風格散步》，也是我們心目中對於理想生活的詮釋，以15種倫敦人的風格日常，帶著你見識更不設限的生活可能。

旅行對我來說，是即使帶著遺憾，也終會前進的美好過程。不管是一路上總得有所取捨（時間或金錢），或終究無法盡善盡美之處，都是給自己另一個機會，抱持著下次會更好的心情，再次出發的完美藉口。

接下來，不妨跟著我們的腳步走（也歡迎從中篩選琢磨出最適合自己的內容），請記住，你才是這趟冒險故事的主角，所以盡情去感受，出發尋找更多未知疑問，先別急著知道結果。

畢竟不可預期永遠是旅程中最美好的部分。

牛沛甯

有多少想做卻遲遲還沒做的事，是走在路途上，還是已經遇到別的分岔路了？在這本書（算是）瘋狂忙亂的製作過程中，還是不得不停下來、靜下心寫一段話，那就先從當初的起點開始吧。

畫面依稀回到那年在倫敦第一個屬於自己的房間裡，我們坐在只能把床鋪當椅子的書桌前，搔頭思索著認識超過 20 年的兩人一起到了倫敦，能做些什麼？分享什麼？而一直到現在，真的要出一本屬於我們風格的倫敦旅遊書，突然發現人生至此就像無數相連的大小齒輪，而倫敦是其中一個很重要的大齒輪，因為結識倫敦，才轉動其他各種連結的人事物，像股無形的動力，持續地推著你前進。

倫敦有種魔力，彷彿打開了你全身的觸角去接收不同感受，她總是充滿驚喜又多變，讓我們著迷似地不斷探索各種可能，無論是遍地美景、看不完的精采展覽、街頭時裝秀，還是各式各樣獨特的人們，都潛移默化地影響著我們的生活態度。

於是，這本看似花不溜丟、帶你去倫敦旅行的書，其實也想傳達用另一種旅行（或生活上）有趣的方式，不只是在旅行中玩穿搭，也從旅行中帶來的靈感去創造風格，加乘混合成一種「意料之外」的體驗。

 林容伊

NORTH LONDON

1. Highgate / Hampstead Heath
2. Chalk Farm / Camden
3. Angel / Islington

WEST LONDON

11. Chelsea/ Kensington
12. Notting Hill Gate / Portobello

CENTR.

SOUTH LONE

6. Peckham / Brixton
7&8. Wimbledon / Kingston / New Malden
9. Rotherhithe/ Wapping /Shadwell
10. Greenwich

14

EAST LONDON

15

13

9

4

L LONDON

10

6

13. Shoreditch / Hoxton
14&15. Shoreditch / Hoxton / Dalston / Hackney

4. Bermondsey / London Bridge
5. Waterloo / Covent Garden

CONTENTS

交通篇 Transportation

倫敦擁有全球首屈一指先進的大眾運輸工具，包括歷史最悠久的倫敦地鐵（Tube）、討喜模樣深植人心的雙層 / 單層紅巴士（Bus）和四通八達的火車（Train），除非是搭火車去倫敦以外的地方旅遊，不然在倫敦市區內，都可靠著一張牡蠣卡（Oyster Card）搭乘以上三樣交通工具，非常方便。

此外，若考慮到便利性和時間，像是機場快捷、客運、經典的黑頭計程車（Black Cab）、UBER、迷你私家車 Mini Cab（倫敦私人營業的計程車，價位較一般計程車便宜）等，也都是不少在倫敦旅遊會碰上的交通方式。

一定要全部研究到一清二楚再出發嗎？其實不盡然，但倫敦的大眾運輸工具是世界數一數二昂貴，而且還年年漲價，想省錢和玩得盡興，事前做功課和掌握以下幾個重點和訣竅，迷路時打開 Google Maps，相信大家很快能駕輕就熟。記住，在能走的地方盡量步行，才是體驗這城市最棒的生活方式。

12

Tip 1

從機場到市區

大部分從臺灣來倫敦旅遊的人都會降落在希斯羅國際機場（Heathrow Airport），以地理位置來說，位在西南倫敦 Zone 4。從機場到市區有很多種交通方式可選擇，地鐵、機場巴士、機場快捷、計程車等。我們最最推薦大家的是從這開始坐地鐵，不但能省錢（單程 3-5 鎊左右），還能先在人潮不多的地鐵站熟悉一下牡蠣卡的購買方式、車票價錢和倫敦地鐵圖，以免到了市區拖著行李還得慌慌張張排隊買票，容易引起宵小注意。不過若你行李很多、不習慣坐上一小時人擠人的長途車、抵達倫敦時間太晚等，則建議大家選擇機場快捷（單程 22 鎊起跳）或事先定好機場計程車接送（單程約 30-50 鎊不等）。

Tip 2

倫敦地鐵圖與牡蠣卡

這是你在倫敦旅遊經常會使用到的兩樣小道具，請務必在踏上陸地後第一個見到的地鐵站將兩樣小道具收入行囊中。倫敦地鐵以 Zone 做環狀劃分，地鐵票價也以 Zone 的距離計費，一般來說景點都集中在 Zone 1 到 Zone 2，除非是郊區和特殊景點才會跑到 Zone 3 到 Zone 6 之間。熟悉倫敦地鐵圖將會對安排行程幫助良多，若旅遊較多天，建議在當地購買電話卡加值網路，在 Google Maps 和旅遊Apps 的協助之下會更如魚得水。

Tip 3

牡蠣卡如何幫你省錢

牡蠣卡的付費方式有兩種：一般加值付費（Pay As You Go）和購買一日／七日旅遊無限票（Travel Card）。如果行程超過五天，走動範圍都介在 Zone 1 到 Zone 2 之間，33 鎊的七日旅遊票（7 Days Travel Card）是最最省錢的方式，也能節省很多餘額不足得排隊加值的時間，平均一天不到 5 鎊，卻可以無限搭乘地鐵和公車。如果行程不超過五天，卻一天排了很多距離不近的景點，我們也會建議大家買七日旅遊票，就不用一邊旅遊一邊還得小心翼翼算錢了（若剛好想去的景點不遠，不用移動太多次的話，建議加值付費即可，不需購買一日旅遊票）。

Tip 4

倫敦人的省錢方式

平日搭地鐵記得避開早上及傍晚的尖峰時刻（Peak Time），不然很常會被高昂的票價嚇到（使用旅遊票則沒有影響）。如果你在下班時間看到倫敦人在地鐵站閘口徘徊不前，通常是為了等尖峰時刻過後再進站。

Peak Time: 6:30am-9:30am / 4pm-7pm

Tip 5

絕對不迷路！實用的App推薦

在倫敦，只要有網路十之八九不會迷路（雖然地鐵裡收不到訊號）！推薦一個比 Google Maps 還好用的 App 叫 Citymapper，只要輸入起點與終點，就會計算出幾條不同的建議路線，可根據花費時間、車費和交通工具（包含地鐵、公車、火車、步行等）自行選擇，連預計幾分鐘到站都秀給你看，就算需要轉車也會清楚標示站牌和位置，有了 Citymapper 搭配 Google Maps，就算倫敦再大都能安心上路！

住宿篇 Plan Your Stay

在倫敦這樣的大城市中自助旅行，要尋找落腳處有時像大海撈針般不容易，尤其是第一次來到這個陌生的環境，通常只能循著旅遊書上的片段介紹，殊不知，其實只要找對方法，你可以更融入當地，感受不同區域特色，甚至省錢。對我們來說，旅行沒有標準公式，而是在一次次的旅程中漸漸找到適合自己的答案。出發前不妨問問自己，這趟旅程你打算怎麼玩？

例如：

如果你希望一網打盡各大觀光景點，就選離市中心和地鐵站不遠的飯店；

如果你想認識更多旅伴或同好，不妨試試看青年旅館和華人民宿；

如果你打算體驗當地人生活，Airbnb 是規畫冒險的最佳選擇。

因此本書中不會列出推薦旅館，而是提供以下幾個簡單的步驟，幫助大家找到各自心目中的理想倫敦居，這過程保證比想像中來得簡單又好玩！

Step 1　　尋找喜愛的區域

推薦大家先讀完本書所介紹的 15 條路線，依據風格和周邊環境找幾個自己喜愛的地方做為居住地參考，假設你喜歡東倫敦，但不想住在夜生活興盛的鬧區，可選擇相隔不遠的地鐵站；又或者是沒有太多預算，不妨選距離市中心坐地鐵不用超過半小時的 Zone 2 地鐵站附近。

Step 2　　從認識訂房網站開始

網路上關於倫敦住宿的資訊非常豐富，篩選時，除了多比較一些網友的經驗，也必須留意文章發布時間，資料愈舊愈沒公信力愈低。假如你跟我們一樣喜歡貨比三家和享受搜尋的樂趣，我們習慣先從訂房網站開始找靈感，Booking.com、Hotel.com、Agoda 是我們很常使用的大型訂房網站，搜尋城市和區域就會出現許多選擇，再根據類型（飯店、旅館、民宿）和價位等做更精細的篩選。用大型訂房網站最大的好處是經常有特殊折扣或某個期限前免費全額退款，這時不妨把喜歡的房間先訂起來，之後若遇到更好的再取消即可。

Reminder!

強烈提醒大家使用訂房網站訂房一定要看清楚評價，不僅其他人的住宿經驗很重要，若是太新沒有評價的房源不要輕易嘗試，建議決定訂房前依找到的住宿搜尋它們的官網、甚至打電話確認地點是真實存在，我們曾不只一次在 Booking.com 遇到詐騙，切記要多留意！（若真的發生意外，網站客服人員會提供協助莫驚慌）

Step 3

Airbnb入住當地人家

不管你是否在前一個步驟就已經找到好房，這幾年在全球魅力不可擋的 Airbnb，是我們私心最推薦的深遊方式，喜歡的理由多到數不清：充滿設計感的夢幻宅邸、和當地人交流、有大廚房、入住觀光客較少的 Local Area……使用方式和訂房網站差不多，但 Airbnb 之所以與眾不同，在於每間出租的房子背後代表了各種充滿人味的風格故事，光是瀏覽照片就能拼湊房東的興趣、品味、甚至職業，不管你是和房東合住或單獨住進整個空間，都能先對這個城市有多一層認識。和訂房網站一樣的道理，訂房前一定要詳閱評價、退房規定及先跟房東通信溝通，以降低超出預期意外發生的機率。

> **Reminder!**
>
> 入住 Airbnb，儘管會酌收清潔費，還是記得遵守房東指示做好基本的整潔，像是使用廚房後務必清洗，畢竟是住進別人的家，保有愛惜和尊重的心，也更能換得美好無價的經驗喔！

Step 4

把家當作旅行的一部分

我們之所以對 Airbnb 深深著迷，就在於它讓旅人在異地有了「家」的氛圍，讓「住」成為旅行中的重要回憶。也許我們沒有機會真正長時間居住在除了臺灣以外的城市，藉由短短幾天的旅行，在當地落腳，逛逛 Local 菜市場，買食材回家煮份早午餐（順便節省旅費）享受美好的異地早晨，這一切，都是飯店和旅館無法提供的無價體驗。

NORTH LONDO

北倫敦

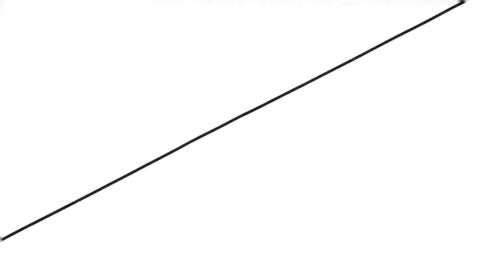

☞ ROUTE 1. 流浪在城市北邊的一隅綠意

以倫敦占地最遼闊的綠色荒原為中心，展開一場都市叢林大冒險！法蘭西斯培根
做最後一場實驗的水池廣場；1839年成立、藏書超過兩萬冊的海格特文化中心；
狄更斯與家人安葬的墓園；還有英女皇伊莉莎白二世親臨的酒吧。

☞ ROUTE 2. 龐克少年的一日搖滾與小清新

一條路線兩種風貌，白天在乾爽舒服的草皮上野餐，晚上到倫敦最著名的龐克次
文化中文：肯頓小鎮，只要一個地鐵站的距離！

☞ ROUTE 3. 上下城女孩的時髦和解

「今天下午約在 Angel 吧！」這是想要度過一個有點時髦、同時也愜意午後的
暗號。融合了北倫敦、東倫敦的風格，Angel 的時尚是充滿質感和簡約態度的調
調，又揉合了一些復古舊物的趣味。

北
倫
敦

1

Route

NORTH LONDON

流浪在城市北邊的一隅綠意

Highgate

Hampstead Heath

花費時間：整天　　建議季節：四季　（註：2 Willow Road 1 月到 3 月停止營業）

如果你還沒來過倫敦，接下來在這本書中一定會很常聽我們提起這城市的綠意盎然。儘管四季分明，冬天寒冷、日照時間短（大約早上八點到下午三點），倫敦的城市發展與綠地規畫就像手心連手背，分不開的，一旦習慣上這種陽光灑在林蔭間的光影變化，回到大自然沒那麼多的臺北，很難不有種少了點什麼的惆悵感。對我們來說，這是來到漢普斯特德公園（Hampstead Heath）一帶的美好後遺症，與花草樹木一同站在城市北端高處俯瞰天際線，吸進一口揉合微涼溫度、芬多精和古老大宅磚牆的難忘氣味，只要喜愛流浪、渴望出走的都市人，都能在這裡得到片刻歇息滿足。

雖將 Hampstead Heath 譯為公園，但更精準來說當地人稱此地為 The Heath，也就是荒原（也有人會形容像森林），更能貼切描述它的占地遼闊，身為全倫敦最大的綠色公共用地，又是北倫敦制高點，我們將漢普斯特德公園當作冒險中心，往東北探索海格特（Highate），那裡有優雅靜謐的海格特墓園（Highgate Cemetery），與漢普斯特德公園隸屬同一片沙丘，因此地勢也是高低起伏不斷，塑造當地隱世獨立的悠閒氛圍；往西南則來到漢普斯特德市中心，獨立小店、文化遺產、特色建築等都不容錯過。這兩個重要聚落從古至今是歷史上無數傑出人士的家（包括詩人、作家、建築家、音樂家），如今，更是政商名流和演藝明星鍾愛的豪華別墅區，因此不只綠意，走在大宅外端詳幻想一下屋內生活，也是有趣的路邊加映娛樂。

實際走過倫敦許多綠地公園，我們得承認，這趟北倫敦流浪之旅無法被比較、也一定會念念不忘，得天獨厚的自然景觀加上獨一無二的人文環境，不難想像為何這麼多電影、時尚雜誌都要慕名來到此地取景拍攝了。

START 10:00
① 10:15 Le Pain Quotidien 有機活力早午餐
② 11:00 Highgate High Street 海格特大街
③ 12:00 Highgate Cemetery 海格特墓園

海格特地鐵站 Highgate Station

Bus K210 to Kenwood House

④ 13:30 肯伍德別墅 Kenwood House
⑤ 14:30 漢普斯特德公園 Hampstead Heath
⑥ 16:00 建築師的當代藝術公寓 2 Willow Road
⑦ 17:00 特色商店街 Flask Walk
⑧ 18:30 晚餐 Dinner Time
END 20:30 漢普斯特德地鐵站 Hampstead Station

以流浪為題，是因為每次造訪此地，對我們來說都像開發一個全新疆界，就算已經準備好了線索，只要按照給的路線前進，多少還是能在路上發現一些不期而遇的新風景。雖然前面強調很多次公園和綠地的美，不過這條路線不僅要帶你親近大自然，同時也親近當地人的生活，真正體驗倫敦人與自然零距離的日常。

開始一日的行程前，我們建議大家視自己的狀況調整，體力好的人歡迎跟著我們的路線，征戰整座漢普斯特德公園的東北到西南，若想放慢腳步閒晃的人，不妨拆成兩個半日行程，一是走訪海格特聚落與海格特公墓，二是造訪漢普斯特德公園和市中心的特色商店街（要注意冬季商店關門時間會提早），兩者都是自然與人文兼具的路線，深受當地人喜愛。

抵達漢普斯特德公園東北方的海格特地鐵站，步行至大街享用一頓活力早午餐，隨意逛逛路上商店，接著沿兩旁都是美麗磚牆的綠色隧道 Swain's Lane散步至海格特墓園，此時若時間還早，可連同旁邊的華特魯公園（Waterlow Park）一起逛。原路回到大街上，不想太奔波的人，建議可探索一下海格特一區位在小山坡上的巷弄豪宅區，每棟建築風格都不同，庭院的花園造景更是家家精采。而想繼續走完行程的人，搭乘210路線公車至肯伍德別墅（Kenwood House）下車，這裡是穿越漢普斯特德公園的起點，肯伍德別墅內的豐富藝術品收藏，讓人忍不住駐足在舊時代的優雅氛圍。一路往南穿越公園往漢普斯特德市中心的路上，也別忘記造訪公園中的制高點國會山丘（Parliament Hill），欣賞美麗的倫敦天際線。

此外，公園外的幾個著名景點推薦大家有時間可以斟酌參觀：知名建築師的當代藝術風格公寓（2 Willow Road）、浪漫派詩人濟慈的家（Keats House）、17世紀的商人別墅（Fenton House）等。趁著晚餐前的空檔，不妨也逛逛當地的特色小街（Flask Walk），古董書店、雜貨、服飾樣樣俱全，體驗北倫敦人的風格步調。

Route 路線地圖 •••••••••►

Bus K210 to Kenwood House ••••►••••►

1. 有機活力早午餐 Le Pain Quotidien
2. 海格特大街 Highgate High Street
   2-1. 風格家具店 WCD Furniture
   2-2. 慈善商店 Mary's Living & Giving Shops
   2-3. 水池廣場 Pond Square
   2-4. 海格特文化中心 Highgate Literary & Scientific Institution
3. 海格特墓園 Highgate Cemetery
4. 肯伍德別墅 Kenwood House
5. 漢普斯特德公園 Hampstead Heath
6. 建築師的當代藝術宅邸 2 Willow Road

7. 風格商店街 Flask Walk
   7-1. 二手書店雜貨鋪 Keith Fawkes
   7-2. Bubbles & Light香氛店
   7-3. 設計師小店 Zana
晚餐 Dinner Time
   8-1. 英國女王親臨的英式酒吧 The Flask
   8-2. 日式居酒屋 人吉 Jin Kichi

Spot 1.

有機活力早午餐 Le Pain Quotidien

DATA| ☞ http://www.lepainquotidien.co.uk/ 🏠 86 Highgate High St, London N6 5HX 🕐 週一到週五 7am-7pm 週六到週日 8am-7pm

口味特別的蘑菇醬吐司▶

▲ 英式麥片粥

儘管是比利時來的連鎖咖啡廳兼餐廳，Le Pain Quotidien 是我們在倫敦經常光顧的愛店之一，裝潢用心、食物美味，有趣的是咖啡用碗公裝。在 Le Pain Quotidien 早午餐的價位和分量最為划算，甜點雖然不便宜但很好吃（推薦熱呼呼的比利時鬆餅），熱門時段常常一位難求。海格特這家分店平日不會太擁擠，有剛剛好的悠閒氣氛，點上一份令人驚豔的蘑菇醬烤土司，搭配英式麥片粥（Porridge），非常滿足！

Spot 2.

海格特大街 Highgate High Street

1。風格家具店 WCD Furniture

All ©wcdinteriors

DATA| ☞ http://www.wcdinteriors.com/ 🏠 84 Highgate High St, London N6 5HX

位在海格特大街上的 WCD Furniture，專門打造設計訂製家具，店內洋溢濃厚手工感和復古味，也有兒童訂製家具，童趣又充滿創意，也有來自英國和愛爾蘭的設計師系列，尤其燈具、小家飾品等逛得我們愛不釋手。

2. 設計師慈善商店 Mary 's Living & Giving Shops

DATA| ☞ http://www.savethechildren.org.uk/get-involved/charity-shopping/marys-living-and-giving/highgate-village ⌂ 43 Highgate High Street, London N6 5JX ◷ 週二到週六 10am-6pm 週日 12pm-4pm

在倫敦有許多慈善商店（Charity Shop），販售二手商品再將所得捐助給需要的人，既環保又經濟實惠。別小看他們販賣的都是二手商品，我們經常在這種店挖到寶，像這間海格特大街上的 Mary's Living & Giving Shops，就是專門販賣設計師贊助的二手好物，起初我們是被它頗有時尚感的櫥窗給吸引過去，一進門才發現是慈善店，店內所得都捐助給世界各地的弱勢孩童，買新行頭還能做好事，何樂而不為。

裡頭的店員都是義工，所有義工的名字都會被貼出來，讓逛店的人知道他們的愛心。▶

位在海格特大街旁的水池廣場，成群梧桐樹、小屋和紅色電話亭，與陽光灑下的陰影交織成一幅可愛景象，非常適合在此散步小憩。據說這裡還有個有趣的鬼故事，相傳實驗科學之父法蘭西斯・培根（Francis Bacon）在附近做了一個關於雞的生物實驗後，沒想到生了場病離開人世，此後就開始有幽靈雞出沒在水池廣場的傳聞。如今雖然一點也感覺不出詭譎氣氛，還是相當適合來這探險，看看自己能否幸運遇到大明星鄰居。是的！據可靠消息指出，知名英倫帥哥演員裘德洛和超模凱特摩絲就住在附近呢！

3. 水池廣場 Pond Square

DATA| ⌂ Pond Square, London N6 6BA

4. 海格特文化中心
Highgate Literary & Scientific Institution

DATA| ☞ http://www.hlsi.net/ ⌂ 11 South Grove, London N6 6BS, United Kingdom ◷ 週二到週五 10am-5pm 週六 10am-4pm

水池廣場往海格特墓園的路上，會先經過海格特文化中心，這個社區型聚所從 1839 年就存在至今，歷史相當悠久，裡頭有超過兩萬本豐富藏書，也有收錄海格特當地歷史，是相當詳細完整的資料庫（需預約）。這裡經常會舉辦藝文類型活動，經過時不妨進門探探頗有風味的歷史建築和室內設計，搞不好也能巧遇不錯的展覽。

Spot 3.

海格特墓園 Highgate Cemetery

來到歐洲的文化衝擊之一，就是逛墓園不再是禁忌，而是一種緬懷歷史，既浪漫又有意義的文化休閒活動，如果還沒嘗試過，非常推薦大家走一趟海格特墓園，感受遠離塵囂的美麗靜謐。從海格特市中心沿著美麗的綠色石磚小徑 Swain's Lane 往下走即可抵達，這裡一共有東西兩大墓園，西墓園在平日需要事先預約導覽才能進入，假日只要到現場參加導覽團即可，裡頭有非常美麗壯觀的墓穴建築、古埃及風格大道及都鐸風格教堂等，相當值得朝聖。東墓園則不用預約，只要付門票 4 鎊就能入內參觀，共產主義之父馬克思（Karl

▲ 平日需事先預約才能入場參觀的西墓園外觀

Marx）及家人就埋葬於此，英國小說家狄更斯的家人也在此長眠，走在林蔭圍繞的墓園中，沉澱在清幽寧靜的氣氛中，紛擾的心靈彷彿也被洗淨了。

DATA| ☞ http://highgatecemetery.org/
🏠 Swain's Ln, London N6 6PJ ⏰ 週一到週五 10am-5pm 週六到週日 11am-5pm

Spot 4.

肯伍德別墅 Kenwood House

DATA| ☞ http://www.english-heritage.org.uk/visit/places/kenwood/
🏠 Hampstead Ln, Hampstead NW3 7JR ⏰ 週一到週日 10am-5pm

在海格特市中心跳上 210 路線公車，沒多久就來到矗立在漢普斯特德公園北邊的肯伍德別墅，它是著名的英國遺產，一棟充滿無數藝術收藏品的喬治王朝風格精緻大宅，更令人驚豔的是，竟親民地敞開大門讓所有人免費參觀，夏天時，還會在別墅前方的大草原上舉辦夏日音樂會，叫人怎麼不愛來倫敦旅遊？（英國是全世界有最多免費博物館可逛的國家）肯伍德別墅裡除了美到不行的室內設計和布局，還有許多知名藝術大作，如畫家林布蘭（Rembrandt）的自畫像，以及由建築師羅伯特‧亞當（Robert Adam）打造的美麗圖書室，有別過去參觀過的英式華麗建築，是以粉藍、粉紅色系為主的壁面裝飾設計，優雅可愛還能拍照，讓人少女心一秒露餡。特別推薦喜歡聊天的人，參觀之餘不妨也跟現場的義工爺爺奶奶聊聊藝術品和歷史，由純正英國腔介紹這棟大宅中的點滴，多麼應景。

◀ ▼ 肯伍德別墅裡，室內設計裝潢和藝術大作都非常精采。

◀ 以粉紅粉藍色系裝飾的華麗圖書室，可愛
又精緻，讓人目不轉睛。

漢普斯特德公園 Hampstead Heath

偌大的漢普斯特德公園，應該花上幾天也很難將每個角落全部走完，所以在地人反而喜歡隨意漫步，走到哪裡就欣賞眼前風景，推薦正在看書的你，偶爾學習這種「無計畫」的精神吧！由北邊的肯伍德別墅往南散步，徜徉在純自然的荒原景致中。漢普斯特德公園裡有幾個著名小景點，像是夏天開放游泳的男女露天公共池塘，或可欣賞倫敦天際線的國會山丘（必去的觀景制高點），而我們特別喜歡路上不時遇到的倒塌殘木，不知曾經經歷幾百年的巨大樹幹，都是完全不經人為修飾、渾然天成的超自然美景。

▲ 漢普斯特德公園裡有殺底片的純天然美景。

Spot 6.

建築師的當代藝術宅邸 2 Willow Road

漢普斯特德公園外有兩個由國家信託基金會管理的著名建築，2 Willow Road 和 Fenton House，前者是知名建築師 Ern Goldfingery 在 20 世紀初建造的現代公寓，為 20-30 年代現代建築運動的代表作之一，完整呈現 Goldfingery 還在世時的原貌。（像是為了減少空間浪費而使用的旋轉樓梯和折疊式門扇，也捨棄英式老房子中很愛用的走廊設計），如今看來還是相當新穎和舒適。此外公寓中也收藏許多藝術大師之作，包括英國偉大的雕塑家亨利·摩爾（Henry Moore）等人，無論建築或藝術迷都可大飽眼福。冬天會有幾個月休館時間，建議造訪前先上網查詢以免撲空喔。

DATA| ☞ http://www.nationaltrust.org.uk/2-willow-road 🏠 2, Willow Road, Hampstead, London NW3

Spot 7.

風格商店街 Flask Walk

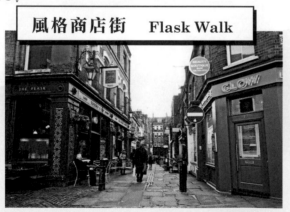

回到市區，推薦大家在晚餐前逛逛漢普斯特德當地的特色商店街，小小一條卻充滿各式各樣的風格小店，讓人逛到捨不得離開。像是門口擺滿雜貨的古老二手書店鋪 Keith Fawkes、超模凱特摩絲曾光顧過的設計師小店 Zana（喜歡民族風和多層次穿搭的人可和老闆交流交流，價格也意外平實）、精緻的香氛店 Bubbles & Light 和花店、名牌二手店、英倫理髮廳 Hampstead Barbers 等。

1. 二手書店雜貨鋪 Keith Fawkes

🏠 3 Flask Walk, London NW3 1HJ

像 Keith Fawkes 這種什麼都賣什麼都不奇怪的雜貨鋪兼二手書店，總是吸引許多路過的人駐足挖寶。

3. 超模也愛的設計師小店 Zana

🏠 6 Flask Walk, London NW3 1HJ

2. Bubbles & Light香氛店

英國純手工香氛品牌 Bubbles & Light，質樸簡約的設計是營造居家品味的好夥伴。

充滿許多民族風服飾、配件及珠寶的小店 Zana，由店主 Zana 一手包辦設計，據說連超模凱特摩絲都是常客！

DATA| 👉 http://www.bubblesandlight.london/ 🏠 89 Flask Walk, London NW3 1HJ 🕐 週一到週三、週日 10am-6pm 週四到週六 10am-7pm

Spot 8.

晚　餐　Dinner Time

1. 英國女王親臨的英式酒吧 The Flask

DATA| ☞ http://www.theflaskhampstead.co.uk/　🏠 14 Flask Walk, London NW3 1HJ
🕐 週一到週四 11am-11pm 週五到週六 11am-12am 週日 12pm-10:30pm

Flask Walk 上除了有許多好逛的小店，還有一間歷史悠久的英式酒吧 The Flask，英國女王伊莉莎白二世也曾經光顧，一定要朝聖一下。翻新的空間設計，搭上頗有歷史感的二級保護建築，讓整間酒吧更具特色，店內提供的美食也是當地人愛不釋手的原因，我們實際嚐過，湯品和炸魚薯條味道都很不錯。

▲ 英女王曾到此一遊

2. 日式居酒屋 人吉 Jin Kichi

DATA| ☞ https://www.jinkichi.com/　🏠 73 Heath St, London NW3 6UG

若不想吃英國菜，不妨選擇漢普斯特德地鐵站附近的日式居酒屋人吉，晚餐時間一到店內人潮絡繹不絕，想搶位子要趁早。日式料理中的基本盤（生魚片、烤炸物）味道都不錯，價格也比市中心平易近人些。

為了提供大家充實的一日行程，我們首次試著橫跨漢普斯特德大公園的
兩端，走訪北倫敦兩個美麗的區域，儘管在寒冷的二月裡扛著大包小包
加相機，最後終究被美麗的景致療癒。除了不受人為打擾的自然綠意，
這兩區巷弄中華麗卻低調的大宅一再叫人驚豔，不僅房子美，還可以好
好感受一下英國人對於園藝的熱情與堅持，那股品味擁有強烈感染力，
值得我們日後好好學習！

NONTWINS XX

龐克少年的一日搖滾與小清新

Camden

Chalk Farm

在倫敦這樣的多元城市中有個很有趣的現象，豪華英式大宅旁時常可看見破舊平房，鬧烘烘的市中心隔幾條小巷就是素雅靜謐的美麗社區，如同英國民族性格裡的前衛、衝突與包容，非常適合用來形容北倫敦肯頓（Camden）一帶的反差風格。過去我們還是觀光客時，肯頓小鎮（Camden Town）是無人不知的龐克次文化聚集地，第一次造訪就像劉姥姥入大觀園般新奇，街頭充斥著各種奇裝打扮的年輕人，頂著七彩高聳的龐克頭，店家門面也掛滿一個又一個的巨型商品雕塑，好像深怕路過的人不知道葫蘆裡賣什麼藥。而肯頓市集（Camden Market）內琳琅滿目的攤販、街頭小吃、平價衣物，因為單價較低，還會讓你一時之間忘記自己身在物價高昂的倫敦。

幾年後，英式龐克漸漸捨棄整身的皮革鉚釘穿搭，從誇張高調轉而融入人們的日常生活中（以前在市中心皮卡迪里圓環可看到龐克族聚集的特殊場景，如今已不復見），肯頓小鎮如同時尚趨勢般，因為湧入愈來愈多觀光客而少了過去的不羈和不可一世。幸好，在我們定居倫敦後，有更多時間一次次重遊探索，找到認識肯頓的全新方式，原來這區域不只有龐克一種樣貌，僅相隔一個地鐵站的距離，就是倫敦人最愛野餐晒太陽的攝政公園小丘、身價不菲的高級住宅區，還有歷史悠久的火車維修站改建而成的大型藝文表演場館。對於超愛逛市集的我們來說，倫敦有數不清的市集選擇，肯頓市集的吸引力相對少了些，不過愛音樂的人可不能錯過這裡週週上陣的精采現場演出，有多少英國極具領響力的音樂人在此發跡成長（如同殞落的英國巨星艾美·懷茲曾在此活躍的足跡，將永不會被世人遺忘），順道體驗一番北倫敦的夜生活魅力。

希望你隨著本章的腳步將視野放寬後，發現一日觀光行程原來可以兼容並蓄又反差有趣，白天與黑夜，搖滾與小清新，兩種風格一次滿足，就是我們推薦一定要這麼玩肯頓一次的理由。

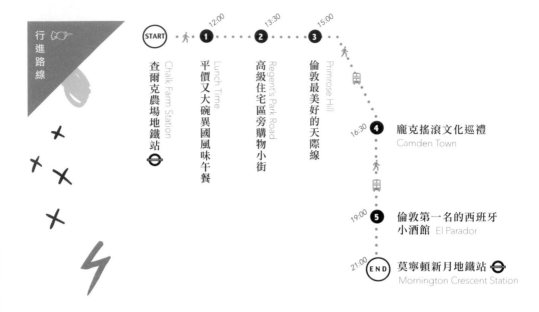

行進路線

START ···· 12:00 **①** ···· 13:30 **②** ···· 15:00 **③** ····

16:30 **④** 龐克搖滾文化巡禮
Camden Town

19:00 **⑤** 倫敦第一名的西班牙
小酒館 El Parador

21:00 END 莫寧頓新月地鐵站 🔴
Mornington Crescent Station

查爾克農場地鐵站 🔴
Chalk Farm Station

平價又大碗異國風味午餐
Lunch Time

高級住宅區旁購物小街
Regent's Park Road

倫敦最美好的天際線
Primrose Hill

約莫中午時分來到北倫敦肯頓區的查爾克農場地鐵站，是我們開啟一天行程的不二選擇，特別是陽光普照的倫敦日常，人們往外跑晒太陽是比上班更重要的大事。本章前言提到，讓我們對肯頓改觀的關鍵，就是從查爾克農場站出發到攝政公園一角的櫻草丘（Primrose Hill），這一段走起來臉不紅氣不喘的距離，叫人格外心曠神怡。散步到商店較為集中的攝政公園路（Regent's Park Road）上，無論想先來杯咖啡、用餐、或是流連在可愛商店，都可以儘管放慢步調悠閒地逛。接近攝政公園路的盡頭，連鼻子都開始嗅到公園的青草香，櫻草丘緩緩升起，在攝政公園一角形成獨特的觀景臺地形，爬起來絲毫不費力，甚至還有人騎腳踏車上山。聊到來倫敦一定要體驗的活動之一野餐，櫻草丘可說是我們在倫敦最最喜愛的野餐地首選！享受著乾爽舒服的草皮，不知不覺就耗掉一下午的美好時光（還不覺得可惜）。

轉換心情，繼續跟我們前往肯頓小鎮探探倫敦最著名的龐克次文化中心，吃的逛的，眼睛看的、耳朵聽的，觀察一下街頭有別於其他區域的酷年輕人，滑板男孩、搖滾女孩、刺青老爹等，對比前一站的精緻愜意時光，這衝突感十足的倫敦印象，又再為旅行添上幾筆奇妙體驗。但，走到這還沒完呢！來到北倫敦肯頓區，不能不把晚餐留給我們居住倫敦時期最常一再造訪的西班牙小酒館，若沒吃到一定會大大扼腕的口袋深處美食，寫到這好怕我們下次再造訪時，原本就常常被當地人擠爆的小餐廳，又多出好多朝聖人潮了。

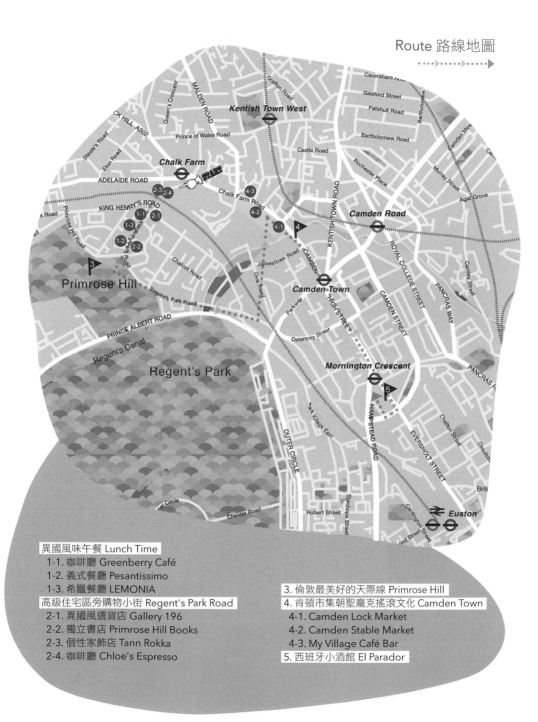

龐克少年的一日搖滾與小清新

異國風味午餐 Lunch Time
　1-1. 咖啡廳 Greenberry Café
　1-2. 義式餐廳 Pesantissimo
　1-3. 希臘餐廳 LEMONIA

高級住宅區旁購物小街 Regent's Park Road
　2-1. 異國風選貨店 Gallery 196
　2-2. 獨立書店 Primrose Hill Books
　2-3. 個性家飾店 Tann Rokka
　2-4. 咖啡廳 Chloe's Espresso

3. 倫敦最美好的天際線 Primrose Hill

4. 肯頓市集朝聖龐克搖滾文化 Camden Town
　4-1. Camden Lock Market
　4-2. Camden Stable Market
　4-3. My Village Café Bar

5. 西班牙小酒館 El Parador

Spot 1.

開啟美好一天的異國風味午餐 Lunch Time

短短的攝政公園路上總共數起來有好幾家餐廳和咖啡廳，如果不是當地居民真的很難有時間一一嘗試，幸好熱情的在地朋友指引了我們方向，應該能確保大家用美食開啟美好的一天（笑）。

1. 採光美氣氛佳的氣質咖啡廳 Greenberry Café

DATA | ☞ http://greenberrycafe.co.uk/index.php 🏠 101 Regents Park Rd, London NW1 8UR ⏰ 週二到週六 9am-10pm 週一、週日 9am-3pm

如果要待一下午，我們通常選擇去 Greenberry Café，除了有不錯的咖啡喝，也提供精緻歐式餐點，不怕肚子餓！特別喜歡室內有一塊天頂能透進日照的空間，無論是一人獨享或與朋友相約都非常舒服，只是就算是平日中午時段也時常滿座，想用餐得碰碰運氣或提早訂位囉！

2. 平價又吃得飽的義式餐廳 Pesantissimo

DATA | ☞ http://www.pesantissimo.com/ 🏠 57 Regent's Park Rd, London NW1 8XD ⏰ 週一到週日 12pm-11pm

喜歡義式料理的人想必都有吃很飽的心理準備，義大利餐廳 Pesantissimo 就是間呷粗飽的好選擇，午餐時段有提供優惠套餐，從前菜、主菜到甜點一應俱全，還出乎意料好吃！經典義式千層麵（Lasagne）一上菜，我們馬上被滿溢出來的肉醬嚇到，簡直比平常吃到的雙倍分量還多！（當下心裡的 OS 是：難道肉不用錢嗎？）

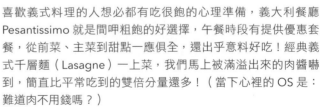

3. 北倫敦名人的私房希臘料理 LEMONIA

DATA | 🏠 89 Regent's Park Road, London NW1 8UY 🕐 週一到週六 12pm-3pm、6pm-11pm 週日 12pm-3.30pm

已開業超過 30 年還得過獎的 LEMONIA，據說在當地居民心目中可是間大有名氣的希臘餐廳，從市井小民到名人都很愛光顧，平常比較少吃到希臘菜的人一定要嚐鮮看看！希臘菜對我們來說，最棒的莫過於新鮮的食材，使用各式美味香料，搭配健康自然的烹飪方式，色香味俱全。不僅如此，LEMONIA 的室內採光相當棒，一頓飯吃下來實在享受！

Spot 2.

高級住宅區旁購物小街
Highgate Cemetery Regent's Park Road

1. 異國風選貨店 Gallery 196

DATA | 🔗 http://www.gallery196.com/ 🏠 196 Regents Park Road, London NW1 8XP 🕐 週一到週六 10am-6pm 週日 11.30am-5.30pm

倫敦有數不清的選貨店（Select Shop），儘管成本高經營不易，新店還是一家家開，完全沒在怕的！不過逛多了其實就明白，那些能長存下來的店，賣的都是老闆的毅力、理想和品味，就像 Gallery 196 的主人 Sue，曾在印度做織品專業工作長達 30 年，回到倫敦落腳後，決定將那些美好工藝作品持續散播出去，才有了這間在攝政公園路上轉角的美麗大宅，販售從世界各地帶回來的美麗工藝品，甚至有不少是藝術品等級。店內不時會看到些藏家來尋寶，一同分享主人與作品間的幕後故事，儘管在今日，許多傳統技藝已逐漸衰退，還是有好多熱血的年輕設計師和像 Sue 這樣懂得欣賞的買家兼賣家，他們都是讓傳統美好與新時代接軌的重要推手。

◀ Gallery 196 販賣從世界各地挖掘來的珍奇寶物，逛店之餘，記得和 Sue 聊聊背後故事。

2. 裘德洛也愛逛的獨立書店 Primrose Hill Books

DATA | ☞ http://www.primrosehillbooks.com/ 🏠 134 Regent's Park Rd, London NW1 8XL ⏰ 週一到週五 9.30am-6pm 週六 10am-6pm 週日 11am-6pm

在倫敦，比起大型連鎖書店，像 Primrose Hill Books 這樣的小間獨立書店總是更受到當地人喜愛，從逛一間書店便能看出老闆的性格（Primrose Hill Books 是由一對夫妻共同經營），愛書之人不要放過和老闆攀談的機會，不時會聽到些有趣小故事，像是作家偶遇正拿著自己著作結帳的書迷，這種浪漫情節。小小一間店藏書豐富，若有找不到的書，女主人 Jessica 也會幫忙訂購，逛著逛著搞不好還會巧遇附近的大明星鄰居裘德洛呢（做做白日夢）。

3. 深藏不露的異國風個性家飾 Tann Rokka

DATA | ☞ http://www.tannrokka.com/ ⌂
123 Regent's Park Rd, London NW1 8BE
🕐 週四到週日 10am-6pm

聽店名就很異國風，但實際進店裡瞧瞧又很難單用一種風格來形容 Tann Rokka，有古董、訂製家具，也有融合了設計感的現代家飾，甚至還推出自創商品及獨特的香氛系列（以日本為靈感的 Kisu 香水）。對於旅人來説，雖然美麗的大型家具通常很難帶走，還是能在這挖到些不錯的小物為家中增添個性氣息，像是倫敦文青也愛用的 Primrose Hill 購物袋，輕便有型。

◀ 店內販售的 Primrose Hill
購物袋，好看又實用！

4. 藏身在花園中的小咖啡廳 Chloe's Espresso

DATA | ☞ http://www.chloesespresso.com/ ⌂ 123 Regents Park Road, Primrose Hill, London, NW1 8BE 🕐 週一到週五 8am-4pm 週六到週日 10am-6pm

從外觀看起來小小一間的 Chloe's Espresso，店內空間被滿滿花草圍繞，相當舒適愜意。除了有名的杏仁拿鐵外，也有新鮮現榨果汁和花草茶，還可逛逛居家小物和園藝相關用品等，非常療癒。

Spot 3.

倫敦最美好的天際線 Primrose Hill

Spot 4.

肯頓市集朝聖龐克搖滾文化 Camden Town

本章最開頭已經先強調我們不是肯頓小鎮市集的粉絲，原因很多：人潮太多太擁擠，有時才剛走到要逛的區域就累了，賣的東西也參差不齊，讓人眼花撩亂，需要花時間搜尋好店……不過這一切都純屬個人喜好，第一次來倫敦的讀者，絕不能錯過這北倫敦大名鼎鼎的龐克文化區。肯頓小鎮除了主要街道，嚴格來說一共可細分為四到五個市集，Camden Stables Market、Camden Lock Market 、Camden Lock Village、Camden Buck Street Market 和 Inverness Street Market，動線複雜又經常整修，讓人時常搞不清楚方向，我們比較常逛的是前兩個。建議大家利用平日下午以悠閒步調造訪肯頓小鎮（別想一口氣逛完，太痛苦了），避開週末的瘋狂人潮，因為這一整區本身就像個鬧烘烘的超大市集！便宜又大碗的小吃是來這一定要嚐鮮的異國美味，喜愛復古老物的人，逛不完的市集小店天堂等著你！此外，搖滾音樂迷們不能錯過的爵士、地下樂團和電子派對，肯頓小鎮樣樣都有。

如果説漢普斯特德公園內的倫敦天際線是荒原中的浪漫遠觀，櫻草丘的風景，就像是都市中的祕密基地，爬上那小丘，彷彿一切俗事都能拋在腦後，再沒紛紛擾擾。這種比鄰豪宅旁的小坡地形，坐落在占地極寬廣的攝政公園上，雖然地勢不高，僅能看到遠遠蒙上一層淡霧的模糊天際線，與高樓所俯瞰的倫敦市景大不同，不過在我們心中絕對是倫敦不可取代的美景之一。準備好三明治、零食和紅酒，斜躺在櫻草丘來場春日的微醺野餐，想必你也會懂。

龐克少年的一日搖滾與小清新

1.　最精采的老市集 Camden Lock Market

DATA | 🏠 215－216, Chalk Farm Rd, London NW1
8AB 🕐 215－216, Chalk Farm Rd, London NW1 8AB

1974 年在肯頓小鎮誕生的 Camden Lock
Market，是這區最古老的市集，主要幹道
上坐落著旅客一定不會錯過的明顯地標。
Camden Lock Market 過去以手工市集出名，
如今也有不少特色攤位值得細細品味。

2.

把市集當時尚購物中心逛
Camden Stable Market

DATA | 🏠 The Stables Market, Chalk Farm Rd,
London NW1 8AH 🕐 週一到週六 10am-7pm
週日 11am-6pm

喜歡古董和時尚的人，Camden Stable
Market 會讓你逛到欲罷不能！有時我們逛
膩東倫敦的話，會來這搜尋古著單品，不
過真的要有逛不完的心理準備，還要有充
足的體力和耐心，多看多比價，把逛街當
成是種靈感搜尋和田野調查。

3.　傳説中的辛香熱巧克力 My Village Café Bar

DATA | 👉 http://www.myvillagecafebar.co.uk/ 🏠 37 Chalk Farm Road, Camden,
London NW1 8AJ 🕐 週一到週五 9am-9pm 週六到週日 10.30am-9pm

從朋友那打聽來，在肯頓有家傳説中賣辛
香熱巧克力的咖啡廳，濃郁微辣口感讓她
一喝忘不了。實際拜訪那天是個冷呼呼的晚
上，熱情的男主人原已準備關店，但聽到我們
為了熱巧克力慕名而來，馬上邀我們進去為我們現做一杯，
在等待的過程還先奉上小杯試喝，超級暖心又暖胃。濃到剛
剛好在口中化開的熱巧克力，因為搭上微辣的辛香料，原本
凍僵的身體有種瞬間血脈暢通的滋味，如果你正好是冬天來
到肯頓，誠心推薦你來一杯！此外，店內的新鮮果汁和奶昔
也很受顧客喜愛，搭配清爽健康的各式異國素食料理，像是
中東知名美食炸丸子（Falafel）手捲，讓不是素食者也吃得
滿嘴香氣美味。據老闆透露，不久後即將在原店址的隔壁打
造一間全新空間，還會結合現場音樂表演，非常期待。

不久前 My Village Cafe Bar 因
為當地房租暴利上漲而暫時被
迫關閉，若經過此地不妨去簽
名連署支持它早日重新開張。

Spot 5.

西班牙式熱炒
El Parador 倫敦第一名西班牙小酒館

還記得第一次造訪 El Parador，是為了傳說中的好吃 Tapas 而來（Tapas 是西班牙小酒館中提供的小菜，給人正式用餐前先配酒享用的），於是和研究所同學一行人相約嚐鮮，還因此認識了從沒到過的莫寧特新月地鐵站（Mornington Crescent Station）。誰知道這麼一試，往後就忘不了這味道了！之後真正去了一趟西班牙，吃過道地的 Tapas，回倫敦後每當懷念起，就會去 El Parador 解解饞，西班牙烘蛋（TORTILLA ESPAÑOLA）、香嫩骰子牛（SALTEADO de SOLOMILLO con PIMENTON y PAPAS de TRUFA）、辣炒小魷魚（SALTEADO de CHIPIRONES）等都是每去必點。吃 Tapas 沒什麼祕訣，菜單看似複雜也沒關係，因為我們發現，Tapas 的口味非常接近臺灣人喜愛的香辣鹹熱炒！除了麵包或冷食外，只要選定喜歡的肉類、海鮮或蔬菜，就儘管等著美味上桌吧！（如果可以盡量七點前去或提早訂位，以免撲空扼腕！）

DATA | ☞ http://www.elparadorlondon.com/ElParador/index.html 🏠 245 Eversholt St, London NW1 1BA ⏰ 週一到週五 12pm-3pm 週一到週四 6-11pm 週五到週六 6-11.30pm 週日 6.30-9.30pm

龐克少年的一日搖滾與小清新

43

‖ AFTERWORD ‖

有玩、有放鬆、有逛、還有得吃，是我們旅行中喜愛追求的各種平衡。倫敦恰好就是一個這麼多元的城市，讓你用不著煩惱會無聊。

再者，這裡有很多區域若沒有實際「走過」，光是坐地鐵、到站、出站，實在很難想像，原來這些風格迥異的聚落就在相鄰的咫尺之處，查爾克農場和肯頓小鎮就花了我們好久時間才能真正在腦中組織聯想在一起。

儘管如此，一旦發現了這些不斷交織的衝突美感，是不是又更加喜愛這城市了呢？（點頭如搗蒜）

NONTWINS xx

上下城女孩的時髦和解

Angel　Islington

花費時間：半日～一日　建議季節：四季

在一個城市居住三年，總會累積許多經常造訪的祕密角落，每個角落之於我們的功能與風格都不同，不過總能在某些理想契合的精神狀態下，再次重遊。舉例來說，撇開實際上地理區域範圍應該有的正確名稱，當我們提起「今天下午約在 Angel 吧」，那天的心情，都是帶點時髦、愜意和嚮往的。我們曾在某年一月的大雪天中，在那參加抵達倫敦後的第一場藝術博覽會，印象中也是第一次看見被大雪覆蓋的熱鬧街道，好看得閃閃發亮；也曾在 Angel 地鐵站旁，盯著一身率性的極短髮女孩倚靠著牆等人、抽菸，舉手投足如名模般讓人久久移不開目光（那天就站在原地偷看她超過半個鐘頭）。特別享受一個人走在 Upper Street 閒逛觀察路人的時光，不過大部分時候，是與朋友相約在這裡的週末夜小酌，儘管酒吧時常被人潮擠得水洩不通，一位難求，還是一來再來。

當回想我們心目中關於 Angel 的印象時，沒來由地，「上城女孩」這名詞浮現腦中，如同北倫敦給人的高貴優雅形象，這一帶總是不乏裝潢時髦的餐廳、咖啡廳和商店，擁有令所有女孩欽羨的那種風格調調，可這裡的時尚，又並非那樣不可企及的高調模樣，反倒是充滿質感和態度的簡約風格，甚至揉合點趣味的舊物風格，像是「下城女孩」的個性混搭。或許用地理位置看來，Angel 終究帶著點偏向東邊的不羈性格，於是北倫敦與東倫敦、上城女孩與下城女孩，統統在這裡時髦和解了。

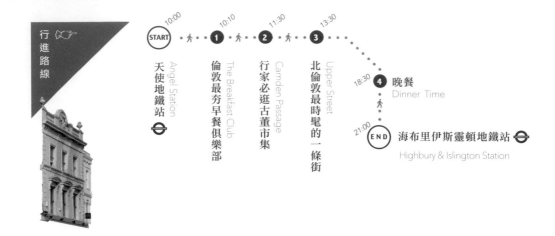

行進路線 ☞

10:00 START

10:10 ①

11:30 ②

13:30 ③

18:30 ④ 晚餐 Dinner Time

21:00 END

Angel Station
天使地鐵站

The Breakfast Club
倫敦最夯早餐俱樂部

Camden Passage
行家必逛古董市集

Upper Street
北倫敦最時髦的一條街

海布里伊斯靈頓地鐵站
Highbury & Islington Station

既然以「時髦」命題,這天的行程重點應該很明顯了——逛不完的街!不過在一天的購物狂模式開啟前,要先帶大家來吃吃倫敦大名鼎鼎的早餐店,不是每條路線我們都會推薦早餐,但既然來到 Angel,別錯過倫敦超級受歡迎的早餐俱樂部(The Breakfast Club),吃飽喝足後,正好能精神飽滿地迎戰一級購物戰區肯頓走廊(Camden Passage)。無論你是否為古董愛好者,來到肯頓走廊裡的附設市集,通常都會被它的小巧精緻與驚喜給收服,這裡的古董鋪多半販售有北倫敦上流風味的舊貨,也有書市和古著服飾小物;此外,肯頓走廊裡也有形形色色的時髦店家、咖啡廳、餐廳等,麻雀雖小五臟俱全。離開一級購物區,接著轉戰不遠處的購物大道 Upper Street,想更深入北倫敦人的風格品味,一定得好好逛逛這條街,數不清的時尚家飾店、設計師品牌、選貨店,以及各式各樣的別緻餐廳、下午茶店、酒吧,來到這,不妨放慢一下旅遊步調,當個一天的優雅型女,戰利品滿滿的同時,心靈也富足升級了。

Route 路線地圖

上下城女孩的時髦和解

47

Spot 1.

倫敦最夯早餐俱樂部 The Breakfast Club

DATA| ☞ http://www.thebreakfastclubcafes.com 🏠 31 Islington high St, London N1 8EA ⏰ 週一到週三及週日 8am-10pm 週四到週六 8am-11pm

▲ 特製臘腸口味的班尼迪克蛋

如果說臺灣的早餐代表是美而美，那麼倫敦就一定得頒給早餐俱樂部（The Breakfast Club）了！還記得剛到倫敦不久，有一次不小心經過早餐俱樂部在東倫敦的分店，目擊門外大排長龍已到下個街角，一問之下才知道原來倫敦人除了愛英式早餐，也和臺灣人一樣很瘋美式早餐（笑）！我們最喜歡的分店就是在肯頓走廊裡頭的這家，雖然空間不大，不過人潮相較市中心和東倫敦的分店少，平日來更能享受悠閒氣氛。早餐俱樂部全天候供應各類型早午餐與美式餐點，當然也少不了豐盛好吃的英式早餐（還貼心提供全份和半份選擇）！我們每次必點的還有各式甜鹹鬆餅、班尼迪克蛋和綜合果昔，每每回想起記憶中的味道都巴不得再飛回去幾次。

Spot 2.

行家必逛古董市集走廊 Camden Passage

肯頓走廊最早可追溯至 50 年代，當時它被譽為倫敦首屈一指的古董集散地，儘管如今附近增加了不少新商店，還是可以感受到一股濃濃的復古時髦味。要注意的是，肯頓走廊中一共有三個不同市集，營業時間比較複雜，基本上週三和週六來便可將所有市集一網打盡。

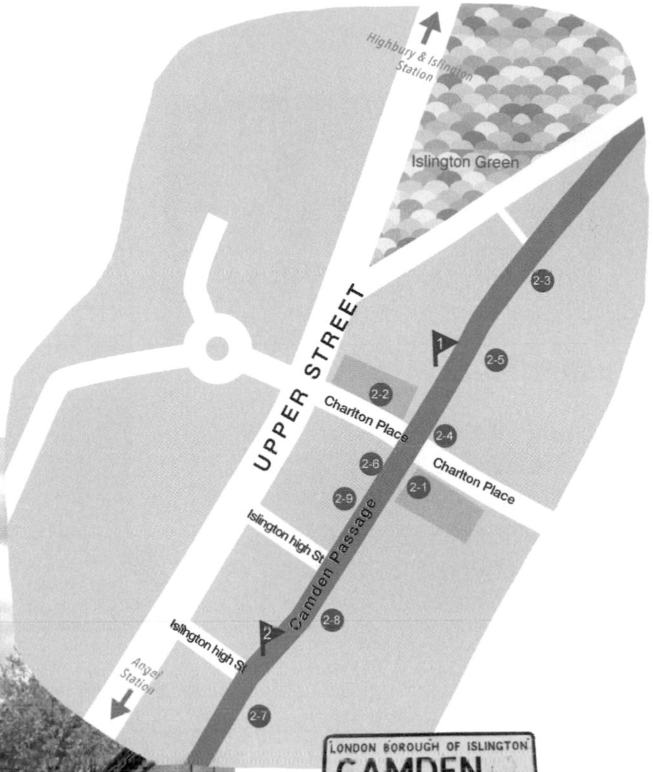

Highbury & Islington Station

Islington Green

UPPER STREET

Charlton Place

Charlton Place

Islington high St

Camden Passage

Islington high St

Angel Station

2-3
1
2-5
2-2
2-4
2-6
2-1
2-9
2
2-8
2-7

LONDON BOROUGH OF ISLINGTON
CAMDEN
PASSAGE N.1

2. 肯頓走廊古董市集 Camden Passage
  2-1. Pierrepont Market
  2-2. Charlton Place Market
  2-3. Camden Passage Market
  2-4. 古董精品華服店
        Annie's Vintage Costume and Textile
  2-5. 風格古著店 Fat Faced Cat
  2-6. 厲害古董店 Gordon Gridley Antiques
  2-7. 咖啡廳 The Coffee Works Project
  2-8. 生活選物店 HAYGEN
  2-9. 北歐風格家飾文具小店 SMUG

1. Pierrepont Market

DATA| ⏰ 週一古董市集 8am-5pm（包含國定假日）週三、週六古董市集 8am-3.30pm 週四、週五書市 白天

從地鐵站走來，第一個會遇到的是搭著棚子的 Pierrepont Market，小小區塊有幾個年紀像爺爺的賣家共同擺攤，大部分以販賣古董家飾、小物為主，週四、週五則是書市；再過去幾步是狹長形的古董商店街，有我們很喜歡的專賣古老畫報與地圖的小店，其他也有收集許多軍用品、或各式古瓷杯盤的店家，雖然價位相較其他大型古董市集算偏高，不過仔細瞧都是精挑細選過的上等好貨，不信問問老闆就知道。

▲ 封面非常精美好看的古董書攤

2. Charlton Place Market

DATA| ⏰ 週三古董市集 8am-3.30pm 週六古董市集 8.30am 開始

下個街口馬上就能看到 Charlton Place Market，一樣是有搭棚的小區塊，週三及週四營業。販賣古董飾品、家飾小物品、畫作等。

3. Camden Passage Market

DATA| ⏰ 週三、週六古董市集 9am-6pm 週五古董市集 10am-6pm 週日古董市集 11am-6pm

Camden Passage Market 則比較多時尚相關產物，古著服飾、二手衣、舊照片、飾品等，有時運氣好會挖到一些不錯的衣服。

4. 古董精品華服店
Annie's Vintage Costume and Textile

DATA| ☞ http://www.anniesvintageclothing.co.uk/ ⌂ 12 Islington high Street, London N1 8ED ⏱ 週一到週日 11am-6pm

和一般的古著店不同，Annie's 一進去就有種浪漫華麗感，店內販售許多名牌古董衣，也有許多純白蕾絲製成的美麗古董婚紗，皮草配件、手套、甚至頭飾等，很推薦想嘗試古董婚紗的朋友們來逛逛（當然一般可以穿出門的高質感小洋裝也不少）。

5.
設計師也愛逛的風格古著店
Fat Faced Cat

DATA| ☞ 22-24 Camden Passage, Islington, London N1 8EA ⏱ 週一、二、四 11am-7am 週三、五、六 10am-6pm 週日 11am-5pm

已經開業超過十年的 Fat Faced Cat，是由戲服設計師 Angela 與伴侶 Robert 所共同經營的有趣古著店。Angela 從小在媽媽的耳濡目染之下，開始愛上收集各年代獨特又前衛的服裝，所以 Fat Faced Cat 裡販售的服飾，橫跨維多利亞時期到 80 年代，種類繁多，不過分類和陳列相當整齊有條理，男女各半的空間，逛起來非常舒適，完全不會有「舊」的觀感，反而像是在欣賞一部有趣的時尚發展史。

6. 想逛不一定逛得到的厲害古董店
Gordon Gridley Antiques

DATA| 🏠 41 Camden Passage, London, N1 8EA

1973 年創立至今的 Gordon Gridley Antiques，連商店本身都很有復古的味道，店內蒐集了各式百年物件，家具、藝術品、銀器、燈飾等，櫥窗內也擺滿玩具小物，讓人很想進門一探究竟，不過只有週三和週六營業，想逛還得碰碰運氣。

7.
有隱密小花園的風格咖啡廳
The Coffee Works Project

DATA| 👉 http://coffeeworksproject.com/
🏠 96-98 Islington High Street, London N1 8EG ⏰ 週一到週五 7.30am-6pm 週六 9am-6pm, 週日 10am-5pm

早期在調查倫敦咖啡廳時，The Coffee Works Project 總會出現在許多人的口袋名單中，不僅僅是咖啡好喝的緣故（這早就是倫敦獨立咖啡廳的必要條件之一），整體環境的氣氛和餐點，也是讓人想去了再去的上癮因素。我們特別喜歡這裡除了蛋糕外，也提供分量大、選擇多的健康鹹輕食、熱沙拉等，對於不是那麼愛吃冷三明治的我們真是一大福音。天氣好時一定要坐坐咖啡廳後頭的隱密小花園，享受一下陽光和片刻閒暇。

8。美好生活選物店 HAYGEN

DATA| ☞http://www.homeandpantry. com/ 🏠 114 Islington High St, London N1 8EG ⏰ 週一到週五 10am-7pm 週六 10am-6:30pm 週日 11am-5pm

從時尚配件、家飾、書籍到娛樂小物，HAYGEN（原名 Home and Pantry）提供了營造美好生活派得上用場的各式好幫手，還有顏色和包裝都超可愛的油漆系列，就算不換家具也能簡單 DIY 換個心情，想買小紀念品的來這裡就對了。

各式各樣的
居家油漆系列 ▶

9。北歐風格家飾文具小店 SMUG

DATA| ☞ https://www.ifeelsmug.com/ 🏠 13 Islington high Street, London N1 8EA ⏰ 週一、二、日 12pm-5pm 週三、五 11am-6pm 週四 12pm-7pm

同樣好買的 SMUG，走的是簡約童趣的北歐質感風格，SMUG 背後有個可愛的小故事，原來店主 Lizzie 還是小女孩時就非常喜歡逛肯頓走廊古董市集，於是長大後就在這開了間自己的風格生活店，自己設計、選貨，也和其他品牌聯名，喜歡文具、插畫、療癒系小物的人小心荷包失守。週末時，樓下也會有小咖啡廳營業。

Spot 3.

北倫敦最時髦的一條街　Upper Street

連國際時尚雜誌《GQ》 中文版造訪倫敦也一定要朝聖的一條街，我們很喜歡編輯為它下的註解：「時髦得很清閒」，形容得恰到好處，開始逛 Upper Street 前，請先調整好慢活悠閒的步調。

1.　設計家飾品牌的夢幻樣品屋 twentytwentyone

DATA| ☞ http://twentytwentyone.com/ ⌂ 274/275 Upper Street, London N1 2UA 🕐 週一到週六 10am-6pm 週日 11am-5pm

走在 Upper Street 上，很難忽視 twentytwentyone 的明亮風格，白色外牆搭配大大的落地窗，遠遠看到就想走近一探究竟。有別於一般家飾店和選貨店，今年開業剛滿 20 年的 twentytwentyone，從店面陳列就可看出品牌的規模和用心，兩層樓空間逛下來，家具、家用選品和文具禮品一應俱全，不自覺就耗上不少時間，超棒的採光，更是讓人忍不住幻想有天也能住進這樣的夢幻宅邸。

2. 什麼都賣一次滿足的 Gill Wing

走在 Upper Street 上會發現有好幾間店都叫 Gill Wing
卻賣不同東西，包括鞋店、珠寶店、禮品店、廚具店，
甚至在倫敦以外還有自家農場。原來 Gill Wing 集團在
80 年代是以賣陶器起家，結果生意愈做愈大，便開了
自己的專門店，目前在禮品店中還可看到他們從過去商
品中精選的大量造形茶壺，數量約 1500 個，許多設計
都相當有趣。其他專門店則是因應消費者需求而陸續增

開，我們挺喜歡
珠寶店中挑選
的設計師作品，
喜歡獨一無二
飾品的人不妨
去瞧瞧。

禮品店

DATA| ☞ http://www.gillwing.co.uk/gifts/
⌂ 194/195 Upper Street, Islington, London
N1 1RQ ⏱ 週一到週六 9am-6pm 週日
10am-6pm

珠寶店

DATA| ☞ http://gillwingjewellery.co.uk/
jewellery ⌂ 182 Upper Street, Islington,
London N1 1RQ ⏱ 週一到週六 10am-6pm
週日 12pm-6pm 國定假日 11am-5pm

3. 舊倉庫改建的時尚家飾百貨 ARIA

DATA| ☞ http://www.ariashop.co.uk/ ⌂ Barnsbury Hall, Barnsbury Street,
Islington, London N1 1PN ⏱ 週一到週六 10am-6.30pm 週日 12am-5pm

©ARIA

雖隱身在 Upper Street 旁的住宅區巷弄中卻一點都不低調，ARIA 從門面開始就充滿濃濃時髦味，由設計師 Camille Walala 為 2015 年倫敦設計週特地設計的家飾系列印花在櫥窗和牆面上吸睛，以色塊和線條帶來玩心趣味，更和其他設計師作品完美混搭。在伊斯林頓區域已經經營了 25 年的 ARIA，連店內空間都改建得很有創意，我們非常喜歡它保留了過去舊倉庫的建築遺跡，改造成屋中屋的亮點，無論是現代或古董家具陳列起來都更富美感詩意。帶不走大件物品沒關係，ARIA 也有許多讓人生火的家飾小物，像是與設計師合作的各式 Iphone 手機殼，繽紛可愛的設計保證買回去朋友都羨慕。

©ARIA　©ARIA

4. 北歐複合設計師品牌店 Wild Swans

DATA| ☞ http://wild-swans.com/ ⌂ 152 Upper Street, London N1 1RA ⏰ 週一到週六 10.30am-6.30pm 週日 11.30am-5.30pm

Wild Swans 店名取自安徒生童話故事《野天鵝》，所以店內 95% 的設計師品牌都來自北歐，服飾風格低調簡約卻不失女人味，很符合這一區域的印象，在這可以買到不少質感很好又可實穿多年的單品。

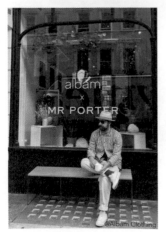

@Albam Clothing

5. 倫敦風格男士愛用 Albam

DATA| ☞ http://www.albamclothing.com/ ⌂ 286 Upper Street, London N1 2TZ ⏰ 週一到週六 11am-7pm, 週日 11.30am-5.30pm

近年愈來愈受歡迎的男裝店 Albam，其英國製造又帶點日系清新的質樸風格，深受內斂的英倫男士喜愛，放眼望去都是簡約不花俏的設計，但仔細研究就會發現每件單品背後不簡單的學問，無論是丹寧褲或基本款 T-shirt，品牌非常重視將工匠技術運用在服飾上，也難怪每樣單品看上去都特別有質感，穿個五年、十年也不會退流行。

6. 型男時尚選貨店 Sefton

DATA| http://www.seftonfashion.com/ 196 Upper St, London, N1 1RQ 週一到週六 11am-7pm 週日 12pm-6pm

來到男性時尚發源地英國，一定要朝聖一下英倫型男都愛逛的選貨店，拓展一下品味和視野。Sefton 可說是伊斯林頓區域的男性時尚代表，挑選的品牌風格從前衛、潮流、簡約、休閒到趣味，像是當紅的 Acne Studios、Comme des Garçons、Moncler 等，品項相當豐富。2010 年更推出自家同名品牌，相信男士們都可在這裡輕鬆找到新鮮貨。

7. 下午茶推薦 Afternoon Tea

在 Upper Street 有不少咖啡廳、烘培鋪，若是逛累了想喝杯下午茶，推薦螞蟻人的你，去我們滿常光顧的義式餐廳 Carluccio's 大啖甜食，每次經過光是看到櫥窗裡擺滿的美麗點心就已經食指大動！更遠一點還有一間英國名廚開的 OTTOLENGHI，店內滿滿人潮已經說明了它的受歡迎程度，蛋糕和輕食都相當好吃。

OTTOLENGHI

Carluccio's

DATA| http://www.carluccios.com/ 305-307 Upper Street, London N1 2TU 週一到週五 8am-11pm 週六 9am-11pm 週日 9am-10.30pm

DATA| http://www.ottolenghi.co.uk/islington/ 287 Upper Street, London N1 2TZ 週一到週六 8am-10.30pm 週日 9am-7pm

Spot 4.

晚餐 Dinner Time

相信一路走來大家不難發現，伊斯林頓區域充斥各式各樣的餐廳和酒吧，特色是裝潢都很吸睛，人潮絡繹不絕！礙於預算考量，在倫敦生活了幾年的我們也很難把每一家餐廳都吃遍，不過以下要介紹的這幾間，倒是讓人一吃再吃、回味無窮的異國特色選擇。推薦大家吃完美食，在附近酒吧喝杯小酒，感受一下優雅迷人的北倫敦夜生活魅力。

1. 高貴卻很不貴的平價法國菜 LE MERCURY

▲ 店內必吃的
淡菜和鴨胸

DATA| ☞ http://www.lemercury.co.uk/index-mercury.html ⌂
140A Upper Street, London N1 1QY ⏱ 週一到週六 12pm-1am
週日 12pm-11pm

從吃貨好友那聽來的 LE MERCURY，後來已成為我們
若有朋友們遠道來倫敦一定會推薦的餐廳之一，雖然
是法國菜，但可不是那種看到帳單會倒抽一口氣的類
型，反而平價到讓人吃驚，若沒訂位絕對別想吃到。LE
MERCURY 已經在當地經營了快 30 個年頭，20 鎊左右
就能吃到三道精緻菜色，加上燈光美、氣氛佳，也難怪
即使在原店旁邊又開了一間分店，還是幾乎天天客滿，
建議大家一定要及早訂位。

2. 時髦炸魚薯條店 Vintage Salt

DATA| ☞ http://www.vintagesalt.co.uk/upper-
street/ ⌂ 189 Upper Street, London N1 1RQ
⏱ 週一週二 5pm-11pm 週三到週五 10am-
10.45pm 週六 12pm-12am 週日 11am-10pm

倫敦有許多老
字號炸魚薯條
店，Vintage
Salt 走的是比
較新穎時髦的
風格，有一次
肚子餓偶然進店，一試之下發現挖到寶，
當季食材新鮮好吃，甚至不輸給其他名
店，再加上店內裝潢用心，若喜歡炸魚薯
條的人不妨嘗試看看。

3. 倫敦最好吃的西班牙墨魚燉飯 Jamon Jamon

DATA| ☞ http://jamonjamon.
uk.com/ ⌂ 88 Upper St, London
N1 0NP ⏱ 12pm-12am

雖然 Jamon Jamon 不是我
們在倫敦最喜歡的西班牙餐
廳，但自從有一次在這裡吃到相當美味的西班牙
墨魚燉飯後，便從此意猶未盡，每每懷念起墨魚
燉飯的味道就要來 Jamon Jamon 光顧。店內其他
西班牙下酒菜 Tapas 也在水準之上，記得點上一
壺西班牙水果酒 Sangria 搭配美食。

‖ AFTERWORD ‖

其實長住在倫敦的那幾年，我們很少花上一整天純粹逛街（打折季到來時例外），大部分
時候是隨走隨逛，累了就找間咖啡廳坐下休息，看看路人和風景。

Angel在我們心中一直占了相當重要的倫敦記憶，這裡很時髦卻也龍蛇混雜，從地鐵站出來
一帶是房價驚人的地段，一路往 Upper Street尾端走去，到了海布里和伊斯靈頓（Highbury &
Islington）又是東北倫敦較為貧窮雜亂的區域。

總之，在倫敦那幾年，我們經常可以在白天漫步Angel時找到偷閒寧靜的片刻，到了週末夜，
餐廳酒吧傳來的熱鬧喧騰，又是一個有趣迷人的強烈對比。

NONTWINS XX

▲ 連香水都推出專屬包裝的音樂專輯！

第一次經過 Gorilla Perfumes 在 Angel 的店面就被強烈的視覺風格給吸引進去，不但撲鼻而來特殊香氣，以及讓人驚喜連連的包裝設計，一間店員才發現原來它真的大有來頭，是英國知名沐浴香氛品牌 LUSH 旗下的唯一一間香水專賣店。傳承 LUSH 的創意品牌精神，Gorilla 無論在味道和視覺上都要是好玩、新鮮、引人好奇的，每一個產品上的藝術插畫圖像，都讓人忍不住想掏腰包帶回家；原料品質把關嚴格，米源也必須公平環保。更有趣的是，他們將大馬行空的靈感帶入每一瓶香水的故事中，像是一次西藏的旅程、或是被音樂啟發而創作的香水專輯，每一支香水都有一首專屬的主題曲，和店員詢問閒聊的過程中，早已忘了自己是在購物，彷彿也經歷了一趟大開眼界的奇幻之旅。很可惜的是，今年 1 月 Gorilla Perfumes 專賣店宣布歇業，只能分享美麗的照片讓你們體會一下，如果很喜歡，還是能上官網或至 LUSH 牛津街分店選購。

上下城女孩的時髦和解

59

CENTRAL LONDON
倫敦市中心

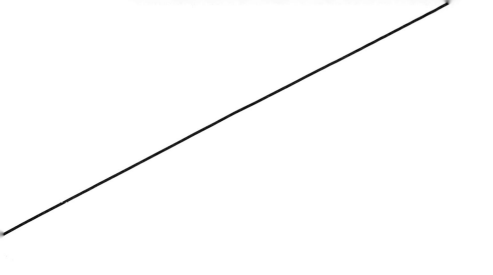

☞ ROUTE 4. 南岸假日饗食之旅

除了有深受當地人喜愛的 Maltby Street Market，可以深入體驗倫敦道地的街邊美食文化；漫步至 Bermondsey Street的路上更有許多驚奇可以探索，例如：特色藝廊、拍片廠房中週末限定的古董跳蚤市集等。

☞ ROUTE 5. 不一樣的觀光區散步之旅

另一種探索市中心觀光區的方式，體驗當地人避開地鐵人潮的聰明散步路線。跟著走，你會驚訝地發現倫敦眼、西敏寺、國會大廈、大笨鐘、柯芬園、蘇活區，原來這些地方統統在一小時內的距離。

南岸假日饗食之旅

Bermondsey

London Bridge

Maltby Street Market

雖地處熱鬧的倫敦市中心，不過這一段可是許多當地人假日愛走的饗食路線，其中包含大名鼎鼎的美食市集波羅市場（Borough Market），以及近年來新興的 Maltby Street Market，兩者都有吃不完的新鮮美食。不僅如此，因為行經倫敦重要的兩大景點：倫敦橋（London Bridge）與倫敦塔橋（Tower Bridge），周邊應有盡有的娛樂活動，可說是旅人的一大享受。過去也許你只會選擇定點式地探索，本章我們將放大你對倫敦的想像，進一步體驗更多元、道地又好玩的城市風光。

對我們來說，出國旅遊的不敗原則是，規畫每日行程時要能兼容並蓄，最好又可以激發點新鮮靈感，這章所提及的玩法，大概就像是這樣的美妙總和。從市集看倫敦，Maltby Street Market 有很「文青」的古董、美食、芙泄；從一條街看倫敦，Bermondsey Street 有藝廊、酒吧、異國料理；從博物館看倫敦，泰德現代美術館（Tate Modern）有你過去從未挖掘過的厲害當代藝術；從高空看倫敦，不管是奢侈飽餐一頓還是來杯小酒度過週末夜，這泰晤士河的美麗夜景都值回票價。

◀ 在倫敦市集中，美食是視覺與味蕾的雙重饗宴。

地鐵抵達伯蒙德賽（Bermondsey），首先映入眼簾的是未來主義的站內風格，特別喜歡乘坐頂上透著光的長電梯（伯蒙德賽和金絲雀碼頭Canary Wharf 車站都有類似的設計），出站後，就到了近年來倫敦頗受歡迎的居住區域伯蒙德賽。第一站先帶大家來逛在地人的週末市集 Maltby Street Market，它可說是倫敦所有市集中相當特別的一個，因為位在火車會經過的天橋底下，位置低調、拱形空間特殊，形成相當自成一格的市集風景，這裡是古董迷和美食饕客的天堂，短短一條小街，卻有著愈逛愈上癮的魔力。鄰近市集的不遠處還有個倉庫裡的古董市集，平日偶爾做為拍片場地，假日則辦起爺爺奶奶的復古跳蚤市集聚會，許多上了年紀的復古小物都可以划算價格買到。再往前走一點，是當地另一條時髦街道 Bermondsey Street，由於發展的晚所以觀光客較少，大多是在地人出沒，整條街上除了咖啡廳、小店、公園，還藏了幾間滿有名的異國餐廳，一間倫敦的商業藝廊 White Cube，以及時尚為主題的博物館 Fashion and Textile Museum。走在這很難不感染慢活的悠閒氣息，所以我們推薦大家，逛累了就去西班牙小酒館或工業風裝潢的英式餐館小酌一番，多愜意。

離開 Bermondsey Street，繼續往泰晤士河方向前進，你有很多不錯的遊玩選擇，像是先前提到的波羅市場，各種美味街邊小吃、蔬果攤、起司、肉腸等，其中有間有臺灣男孩服務的新鮮生蠔鋪，我們在這吃下人生中的第一顆生蠔，生意好到常常下午去就已經什麼都不剩。從波羅市場旁的小徑一路通往河邊，是我們平常最喜歡步行去泰德現代美術館看展的路線，簡單好走不易迷路，還能順道欣賞水岸風景。如果時間不趕又喜歡莎士比亞的朋友，在參觀泰德美術館之餘一定要順道去莎士比亞環形露天劇院（Shakespeare's Globe）看場經典大戲。貼心提醒，別忘了跟旁邊千禧橋（Millennium Bridge）合照喔！

吸飽藝文氣，再把時間交給美食與美酒！近來倫敦興起許多「高空餐廳」，擁有尖銳外形的碎片大廈應該就是其中最有名的一棟，在高處邊吃飯邊俯瞰泰晤士河夜景，是不是很浪漫呢？其實碎片大廈連觀景臺也要價不菲，如果沒那麼多預算又想看夜景的人也沒關係，我們的省錢小撇步就是上樓喝杯酒，比去觀景臺人擠人划算多了！

Route 路線地圖

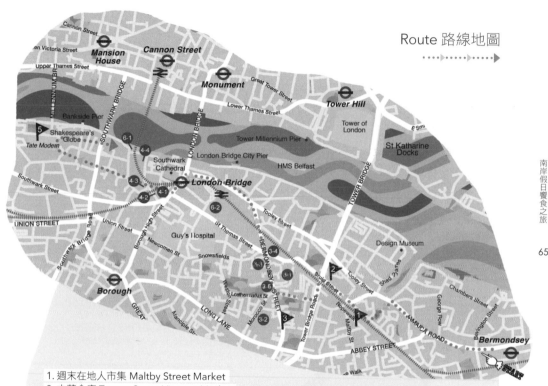

1. 週末在地人市集 Maltby Street Market
2. 古董倉庫 Tanner Street Vintage Market
3. 新興時髦風格聚落 Bermondsey Street
　3-1. 時尚和織品博物館 Fashion & Textile Museum
　3-2. 白立方藝廊 White Cube
　3-3. 改裝舊倉庫中的經典英國菜 Tanner & Co
　3-4. 火車鐵軌下的前衛藝術 Underdog Gallery
　3-5. 西班牙小酒館 José Pizarro Bar
　3-6. 型男時尚選貨店 Sefton
泰晤士河漫步 Thames
　4-1. 波羅市場 Borough Market
　4-2. 生蠔吧 Richard Haward's Oyster
　4-3. 倫敦冠軍咖啡 Monmouth Café
　4-4. 品酒窖 Laithwaite's Wine

5. 泰德現代美術館 Tate Modern
晚餐 Dinner Time
　6-1. 葡萄牙香料烤雞國民料理 Nandos
　6-2. 高空浪漫晚餐 The Shard

Spot 1.

驚豔味蕾的週末在地人市集
Maltby Street Market

DATA| ☞ http://www.maltby.st/
🏠 Ropewalk, London SE1 3PA ⏱ 週六
9am-4pm 週日 11am-4pm (其餘商店的營
業時間請參考下述)

認識 Maltby 已經是在倫敦生活的後期，初次造訪就有種相見恨晚的感覺，畢竟倫敦的假日市集何其多，就算想著下禮拜一定要再來，到了下禮拜又有其他市集活動在等著排隊了，所以不管去到哪都要好好把握盡情探索，才不會留下太多遺憾！ Maltby Street Market 是倫敦最讓人回味無窮的市集之一，不僅是因為它密度極高又多樣性十足的美食商家，我們更喜歡它位在火車橋下的拱形空間，有著一般市集很難體驗到的人文風情，再加上很棒的古董百貨畫龍點睛，讓人直呼這是「很道地」的倫敦市集之旅。建議大家好好分配戰力，才有機會嚐盡整條街的銷魂美食（當成逛夜市的概念就對了）。

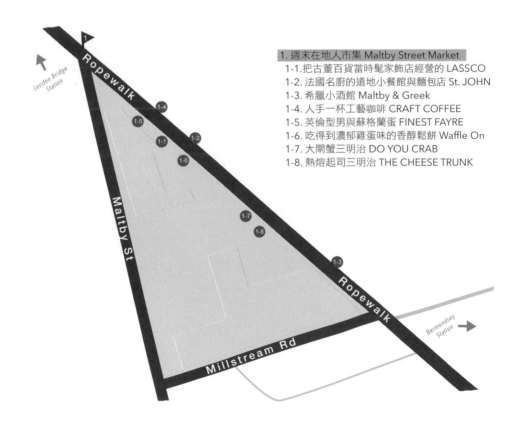

1. 週末在地人市集 Maltby Street Market
　1-1.把古董百貨當時髦家飾店經營的 LASSCO
　1-2.法國名廚的道地小餐館與麵包店 St. JOHN
　1-3.希臘小酒館 Maltby & Greek
　1-4.人手一杯工藝咖啡 CRAFT COFFEE
　1-5.英倫型男與蘇格蘭蛋 FINEST FAYRE
　1-6.吃得到濃郁雞蛋味的香醇鬆餅 Waffle On
　1-7.大閘蟹三明治 DO YOU CRAB
　1-8.熱熔起司三明治 THE CHEESE TRUNK

1. 把古董百貨當時髦家飾店經營的 LASSCO

DATA| ☞ http://www.lassco.co.uk/ 🏠 41 Maltby St, London, Southwark SE1 3PA 🕐 週一到週五 9am-5pm 週六 10am-pm（注意！週日市集時公休）

位在 Maltby Street Market 的 LASSCO，是間明明賣古董卻像間時髦家飾店的古董百貨。大概是近年來太流行加點復古味的室內風格，因此像 LASSCO 這樣一應俱全的大型古董商城，便更有其存在的必要和娛樂性了。店內有著彷彿尋寶般的行走動線，大概是因為其中一間古董展示間偶爾也會用做舉辦私人晚宴或提供活動租借的緣故，讓「店中店」的空間感更加活潑好玩。儘管這裡以販售大型家具為多，但仍有一些古著衣、古董家飾小物或設計師小物選品等值得敗家。

（＊ LASSCO 日前公布搬家消息，可再密切鎖定官網。）

我們當天在店門口拍照時正好遇上 LASSCO 的員工 Mike，便藉機好好訪問一下在地人的私房景點，果不其然 Mike 拍胸脯大推一定要來的正是 Maltby Street Market，接下來推薦的幾間美食饗宴，也都是經過他本人親自認證，保證無地雷。

2. 法國名廚的道地小餐館與麵包店 St. JOHN

DATA| ☞ https://www.stjohngroup.uk.com/maltby_street/ 🏠41 Maltby St, London SE1 3PA ⏰ 週三到週四 5pm-10pm 週五 12pm-3pm/5.30pm-10pm 週六 10am-10pm 週日 10am-4pm

法國名廚 St.JOHN 擁有米其林一星的頭銜，是倫敦知名的法式餐廳。但若捨不得花大錢在高級料理呢？來姐妹店小酒館嚐鮮，搭配烘焙坊剛出爐的新鮮麵包，也很過癮！一份以奶油香煎再淋上熱呼呼肉醬的三明治，搭上紅酒相當對味，吃完鹹的當然不能錯過 St.JOHN 出名的甜甜圈，多種味蕾一次滿足（私心建議還是別吃太飽，外頭的攤位也很精采）。

3. 外帶食物來暢飲吧！
希臘小酒館 Maltby & Greek

DATA| ☞ http://www.maltbyandgreek.com/ 🏠 76 Druid St, London SE1 2HQ, United Kingdom ⏰ 週五 7pm-10.30pm 週六 9am-4.30pm 週日 11am-4pm

◀ 店內販售許多口味的自釀啤酒

先前提到 Maltby Street Market 裡許多店都擁有可愛的拱形空間，Maltby & Greek 小酒館就擁有我們很欣賞的創意氣質，不修邊幅中能瞧見滿滿趣味，上一次造訪時正值冷天，老闆娘熱情和我們介紹希臘版本的 Mulled Wine（冬天時將紅酒或白酒加熱調味飲用的特殊熱酒食譜），很香，暖心又夠勁。我們也很喜歡 Maltby & Greek 的可愛 logo，特別點出希臘有很多驢子的特色，勾起我們對希臘之旅的回憶，忍不住就將印上 logo 的購物袋買回家了。

4. 人手一杯工藝咖啡 CRAFT COFFEE

DATA| 🏠 由 ROPE WALK 牌坊進入的左邊 ⏰ 同市集營業時間

每次逛 Maltby 的前段都充滿濃濃的咖啡香，靠近門口的這間 CRAFT COFFEE 餐車，不誇張幾乎是市集中人手一杯。他們注重咖啡工藝的程度不亞於倫敦著名的 Monmouth Café，無論是為了打起精神的美好起頭，又或是酒足飯飽後提神醒腦，下次去別忘了外帶一杯！

5. 英倫型男與蘇格蘭蛋 FINEST FAYRE

DATA| 🏠 由 ROPE WALK 牌坊進入的右邊 ⏰ 同市集營業時間

不瞞各位，住在倫敦也有不短時間，第一次吃蘇格蘭蛋卻是在這裡，不知道是 FINEST FAYRE 的蘇格蘭蛋一字排開有好多種口味，看了就讓人很想嚐鮮，還是因為賣蘇格蘭蛋的是位英國小帥哥，賣相特別好的關係（笑）。蘇格蘭蛋是英國傳統的家庭料理，以絞肉餡包裹整個白煮蛋，再沾上麵包粉酥炸，金黃外殼搭配一咬下去晶瑩剔透的半熟蛋黃，好看又好吃！唯一的小缺點就是冬天吃的時候整顆蛋都是冰的有點不習慣，聽說買回去用烤箱加熱就非常完美。

6. 吃得到濃郁雞蛋味的香醇鬆餅 Waffle On

DATA| 🏠 由 ROPE WALK 牌坊進入，靠近中段的右邊 ⏰ 同市集營業時間

行經 Maltby Street 這一條路上的香味有很多，Waffle On 是其中絕不會被掩蓋過的蛋奶香四溢！很喜歡吃鬆餅的我們，對於鬆餅的要求相當嚴格，Waffle On 的鬆餅走鬆軟路線，沒有脆皮口感可是咬下去非常香，老闆說祕訣就是選擇上等好雞蛋！這裡鹹甜口味均有，我們最喜歡搭配各式莓果與鮮奶油，視覺味蕾一次滿足。

7. 海鮮饕客的大閘蟹三明治 DO YOU CRAB

DATA| 🏠 由 ROPE WALK 牌坊進入，靠近中後段的右邊 ⏰ 同市集營業時間

DO YOY CRAB 顧名思義只賣新鮮螃蟹料理，光是攤位上擺了好幾隻螃蟹大閘，就超級吸睛！嗜海鮮如命的朋友上回點了蟹肉奶醬三明治大受好評，熱三明治有濃郁奶油香，上頭的蟹肉還用噴槍火烤，光看照片回味就已經食指大動了！

8. 倫敦正夯熱熔起司三明治 THE CHEESE TRUNK

DATA| ⌂ 由 ROPE WALK牌坊進入，靠近中後段的右邊　🕐 同市集營業時間

四種香濃英國起司，搭配火腿肉片，將三明治放在鐵板上熱烤，這就是倫敦目前正夯的熱熔三明治吃法！每次經過 THE CHEESE TRUCK 攤位前，總是有大批排隊人潮目不轉睛盯著鐵板上起司融化泛著絲絲油光，想必是挺療癒的（笑）。官網上記載 THE CHEESE TRUCK 自 2013 年成立，才短短幾年，就已經賣掉超過 2 萬公斤的起司，這種再簡單不過的街邊食物，火紅影響力真是難以想像呢！

其他美食攤販

工業風設計包裝的橄欖油 The Gay Farmer、搭配多種起司火腿的香濃燉馬鈴薯、香煎漢堡排、牛排與薯條、龍蝦生蠔、德國香腸、手工精釀啤酒、手工布朗尼、可愛裝潢酒吧 Little Bird Gin……名單陸續增加中。.

Spot 2.

古董倉庫尋寶趣
Tanner Street Vintage Market

DATA| ⌂ 49 Tanner St, London SE1 3BJ, United Kingdom

某次逛完 Maltby Street Market 的意外發現，在不遠處的倉庫中，又藏了另一個古董市集。裡面的攤主許多是爺爺奶奶，不妨和他們聊聊攤位上的收藏，多半可以拿到很好的折扣。其中有一攤販賣各種款式的打字機，保存良好，還有很多特殊顏色，喜歡收藏古董的人一定會和我們一樣愛不釋手！

Spot 3. ←

新興時髦風格聚落 Bermondsey Street

Bermondsey Street 可說是近五年內才成形的風格聚落，雖然能逛的小店不算多，不過因為有幾間藝廊、時尚織品博物館，以及滿多質感不錯的餐廳和酒吧，加上這區重新改建後的漂亮公寓景色，在這散散步，悠閒待一下午是不錯的選擇。

1.

時尚和織品博物館
Fashion & Textile Museum

DATA| ☞ http://www.ftmlondon.org/ 🏠 83 Bermondsey St, London SE1 3XF, United Kingdom ⏰ 週二到週三、週五到週六 11am-6pm 週四 11am-8pm 週日 11am-5pm

由英國時尚圈地位非凡的設計教母 Zandra Rhodes 創立，一整棟用鮮豔橘色粉紅色漆成的時尚和織品博物館，呼應她總是用色鮮明、大膽叛逆的創作風格。主要空間以展出每期不同主題的特展為主，包括當代時尚、織品、珠寶配件；另一個 Academy 教室則舉辦多種創意課程、工坊與講座，提供給設計與時尚愛好者多元進修；豐富的服裝收藏與活動都值得時尚迷一訪。

2. 白立方藝廊 White Cube

DATA| ☞ http://whitecube.com/ 🏠 144-152 Bermondsey St, London SE1 3TQ ⏰ 週二到週六 10am-6pm 週日 12pm-6pm

雖然外觀低調，但白立方藝廊可說是倫敦目前最具影響力的畫廊之一，特色是全白極簡的空間，進到裡頭彷彿沒有邊界的外太空，大大的展間通常只放一兩件藝術品，讓人能更深刻感受作品與空間的連結，顛覆大眾過去傳統的看展經驗。

3. 改裝舊倉庫中的經典英國菜 Tanner & Co

DATA| ☞ http://tannerandco.co.uk/ 🏠 50 Bermondsey St, London SE1 3UD ⏰ 週一到週三 8am-10pm 週四到週五 8am-11pm 週六 19am-11pm 週日 10am-9pm

逛累了，由倉庫改建的英國餐廳 Tanner & Co，正好提供美麗的露天座位，讓人喝杯啤酒歇歇腳。因為空間極大，裝潢復古又精緻，所以還提供場地出租服務，造訪當天我們就遇到一對新人正舉辦婚宴派對，加長型禮車隨性地停在路邊，典型英式創意風格！平日來這享用早午餐應該也不錯。

4. 火車鐵軌下的前衛藝術
Underdog Gallery

DATA| ☞ http://www.theunderdog.london/ 🏠 6 Crucifix Ln, London SE1 3JW ⏰ 週一到週六 11am-6pm 週日 12pm-4pm

第一次造訪 Bermondsey Street 附近的 Underdog Gallery 時，正上演 live 音樂表演，大家隨性站著聽，好不愉快。裡頭有附設酒吧讓人邊看展也不會悶著，這裡展出的作品大多是比較前衛、視覺性強的作品，喜愛當代藝術、平面設計和街頭塗鴉的人不妨來逛逛。

5. 站著都一位難求的西班牙小酒館
José Pizarro Bar

DATA| ☞ http://www.josepizarro.com/jose-tapas-bar/ 🏠 104 Bermondsey Street, London SE1 3UB ⏰ 週一到週六 12pm-22.15pm 週日 12pm-17.15pm

小小一間但總是滿滿的人，這間西班牙小館是知名西班牙餐廳 José Pizarro 的分店，每日不固定菜單，取決於當日市場的新鮮食材，若不確定要怎麼點記得請店員介紹，我們實際嚐過的經驗是道道都美味。隨性圍著小桌站著，邊吃邊聊天的輕鬆氛圍，是相當道地的西班牙風味！

Spot 4.

泰晤士河漫步 Thames Path

豐盛下午茶結束後，繼續往泰晤士河方向前進，全歐洲最有名的生鮮市場就在不遠處。據我們的經驗，週六是朝聖波羅市場的最佳時機，因為週日休市的關係，通常都能在五點收攤前買到最划算的價格。這裡除了市場本身販賣各式異國美食、新鮮蔬果、起司、肉鋪、食材香料等，我們自己平常最常造訪的就是有正港臺灣男孩服務的生蠔小鋪 Richard Haward's Oyster，因為週六人較多，早點來才吃得到新鮮現開的超肥美生蠔，另外，大名鼎鼎的倫敦冠軍咖啡 Monmouth Café 也在這，買一包新鮮烘培的咖啡豆回去當伴手禮吧！喜愛品酒的人，這裡光是酒吧就好幾家，還有像 Laithwaite's Wine 這樣的大型酒窖，提供品酒的服務。

波羅市場 Borough Market

DATA| 🏠 8 Southwark St, London SE1 1TL ⏰ 週一到週四 10am-5pm 週五 10am-6pm 週六 8am-5pm

生蠔吧 Richard Haward's Oyster

DATA| 👉 http://www.richardhawardsoysters.co.uk/ 🏠 Stand 34b Stoney Street, London SE1 9AA ⏰ 週二 到週四 10am-5pm 週五 10am-6pm 週六 8am-5pm

© Stephy Wang

品酒窖 Laithwaite's Wine

倫敦冠軍咖啡 Monmouth Café

DATA| 👉 http://www.monmouthcoffee. co.uk/our-shops/the-borough 🏠 2 Park St, London SE1 9AB ⏰ 週一到週六 7.30am-6pm

DATA| 👉 http://www.laithwaites.co.uk/ 🏠 219-221 Stoney Street, London,SE1 9AA ⏰ 週一到週 四 10am to 7pm 週五 10am to 9pm 週六 10am to 8pm 週日 12pm to 6pm

Spot 5.

泰德現代美術館
Tate Modern

© Ling-Wen Yen

過了波羅市場,沿著泰晤士河旁的河岸步道一直走,就會經過倫敦兩大藝文巨擘莎士比亞環形劇場和泰德現代美術館。我們特別喜歡在週末晚上跑去泰德看展,好處是不用人擠人,還可享受美麗的千禧橋夜景。儘管由巨大火力發電廠改建而成的泰德現代美術館,在倫敦眾多景點中已經非常有名,我們還是要不厭其煩地推薦大家,來到這一定要花上至少兩小時好好參觀。關於泰德的專業介紹網路上已經很多,所以我們就不贅述,簡單提供大家一些參觀重點給大家參考:

- 位於低樓層的高挑長形大廳 Turbine Hall(圖 1/2),經常會展出令人歎為觀止的大型裝置藝術,甚至做為演唱會和活動場地,像是每年五月下旬舉辦的倫敦藝術書展 Offprint London 就是我們非常喜歡的藝文活動,也是藝術出版界的年度大事,現場會販售來自世界各地的美麗刊物和絕版書籍,相當值得參觀。

- Turbine Hall 旁邊的書店我們每次去看展都一定會逛,除了類型豐富的書籍外,也有不少紀念品小物可買。
- 光是免費館藏區就能逛上許多,不想花錢的人也能輕鬆享受藝術!
- 每年都有幾檔要購票的當代藝術特展,超大型的展覽規模,每次逛完都會有滿滿靈感收穫。

- 去年六月新開幕的新展館(圖3),將加入更多表演藝術和互動藝術元素,值得朝聖!
泰德高樓層的陽臺可欣賞對岸絕美的聖保羅大教堂和泰晤士河夜景。

TATE MODERN

© Ling-Wen Yen

© Stephy Wang

Spot 6.

晚餐 Dinner Time

倫敦橋一帶的餐廳非常多，不過由於此路線前段我們已經吃了不少市集街邊美食，晚餐不妨換走特色路線：「今晚你想吃平民料理或奢華大餐呢？」

1. 葡萄牙香料烤雞國民料理 Nandos

◀ 不同口味的獨門辣醬，超好吃！

DATA| ☞ http://www.nandos.com/ 🏠 225-227 Clink St, London SE1 9DG, United Kingdom 🕐 週一到週四、週日 11.30am-11pm 週五到週六 11am-12am

倫敦好吃的連鎖餐廳很多，來自葡萄牙的香料烤雞 Nandos 就是我們很愛吃的一家，幾乎是只要想到烤雞就會聯想到 Nandos 的程度，各分店還會根據當地特色換上不同的室內裝潢設計，平價又有創意。除了它獨門的香料烘烤技術，Nandos 自行研發的多種口味辣醬，更是讓人一吃必上癮，因為太受歡迎，Nandos 辣醬也在各大超市販售，喜歡的人記得順便帶幾罐回家！

2. 高空浪漫晚餐 The Shard

© The Shard

DATA| ☞ http://www.the-shard.com/ 🏠 32 London Bridge St, London SE1 9SG

近年來倫敦市中不斷加蓋各種新潮現代的摩天大樓，讓倫敦豐富的夜生活增添不少時髦新去處，如果倫敦行程中想來一頓難忘大餐，我們會推薦這棟位於市中心最炙手可熱的觀景地標碎片大廈（The Shard），不僅外形搶眼，上頭一望無際的視野更是壯麗震撼（雖然沒有想像中高）。因為碎片大廈的觀景臺要價不菲，成人價就要 30 鎊起跳，我們通常會建議在裡頭的餐廳吃飯或去酒吧小酌邊看風景還比較划算，上官網查詢就有各式風格料理（英國菜、歐亞創意料理、中菜等）可依個人喜好選擇，我們曾試過香格里拉飯店 35 樓的 Ting，以高級精緻料理來説算是負擔得起的合理價位。

‖ AFTERWORD ‖

逛市集和看展是倫敦必做的兩大樂事，這條路線不但一網打盡，而且走起來不會特別辛苦，一路上有吃有玩，很多精采景點，推薦大家親自走一遭。

不管週六夜是否有預算來一頓高空晚餐，光是泰德現代美術館前的夜景就是我們經常回味的無價時光。記得趕在太陽下山前漫步在泰晤士河畔，感受日落入夜的浪漫氛圍。

NONTWINS xx

市中心不一樣的觀光區散步之旅

Waterloo　　*Covent Garden*

搭上飛機來到十萬英尺外的城市倫敦，這裡是許多人初認識它的地方，就算你還沒機會來，也一定聽過倫敦眼、大笨鐘、西敏寺，這幾個代表倫敦的重要精神指標，就算已經去過無數次、倫敦最擁擠的精華地帶，若有人問我們會膩嗎？我們還是會毫不猶豫地回答：Never!（尤其是每每遙望遠處的國會大廈和大笨鐘，心中仍充滿不可思議的讚歎和悸動，就像第一次終於見到它時，一股「我在倫敦哪！」的不真實美好，直衝心頭。）

觀光區，顧名思義，有許多重要景點都集中在這一帶，散布幾個相連的地鐵站，滑鐵盧車站（Waterloo）的倫敦眼、西敏寺車站（Westminster）的國會大廈和大笨鐘、柯芬園車站（Covent Garden）的著名市集、萊斯特廣場車站（Leicester Square）的蘇活區，還不熟悉倫敦的人通常會選擇地鐵當作主要交通工具，不過尖峰時間（Peak Time）一到，最熱鬧的地鐵站（Tube Station）可真的成了水洩不通的管子（Tube）夏天時更是變本加厲地可怕。因此在這一章中，你們會發現另一種探索市中心觀光區的方式，也是當地人平常避開地鐵人潮的聰明散步路線。跟著走，不但能飽覽許多旅遊書上的美景，你會更驚訝地發現原來這些地方統統在一小時內的距離。（其他沒包含在這條路線，但你一定也想去的景點，就鎖定其他章吧。）

夜晚的滑鐵盧大橋

滑鐵盧地鐵站
Waterloo Station
START 10:10

南岸街頭市集
Southbank Centre Market
① 11:00

南岸藝術巡禮
Southbank Centre
② 12:00

滑鐵盧大橋飽覽倫敦地標
Waterloo Bridge
③ 14:00

倫敦市中心最美的藝術建築
Some'set House
④ 14:30

柯芬園逛市集看戲
Covent Garden
⑤ 16:30

步行至蘇活區
SOHO
⑥ 晚餐
Dinner Time
19:30

萊斯特廣場地鐵站
Leceister Square Station
END 22:00

位在泰晤士河南岸的滑鐵盧，曾是英國最繁忙的車站。擁有四條地鐵線，和無數條通往外倫敦的火車站，是來倫敦旅遊經常會碰到的交通樞紐，也是知名觀光景點倫敦眼所在。不過滑鐵盧對我們來說的重要性不僅於此，這裡有全歐洲最大的藝術集散地：南岸藝術中心（Southbank Centre），加上靠河的優越位置，讓市中心煩擾擁擠都在此舒壓釋放，愛藝術、愛看電影、愛逛市集的，都在此得到滿足。往滑鐵盧車站步行至南岸藝術中心前，會先經過廣場上的南岸街頭市集（Southbank Centre Market），這裡的平價小吃能替旅途省下一筆昂貴餐費，各式各樣的異國美食香氣，讓我們每次經過都忍不住被吸引過去。飽餐完，在南岸藝術中心的粗野派建築群中散步，海沃藝廊（Hayward Gallery）每年展出多位國際藝術大師作品，不容錯過，藝廊外的牆面上還有我們非常喜愛的街頭藝術家 Phlegm 的大型塗鴉，與不修邊幅的建築風格及藍天構成一幅獨特美麗的畫面。

離開南岸藝術中心，往左手邊望去，倫敦眼和對岸的國會大廈就在不遠處，不妨走上滑鐵盧大橋（Waterloo Bridge）將美景盡收眼底吧！不過別駐足太久，另一個令人屏息的美麗建築，就在橋的另一頭。陽光灑下時白到發亮的薩默塞特宮（Somerset House），因為過去一直是倫敦時裝週（London Fashion Week）的官方場地，加上經常舉辦許多大型展覽，是我們屢屢造訪的重要景點。走到這，市中心最擁擠的逛街地帶已經不遠了，柯芬園擁有倫敦最迷人的古老市集，17世紀至今依然屹立不搖，街頭藝人、攤販、逛不完的商店和劇院，讓柯芬園一路延伸到旁邊的蘇活區總是一年四季全年無休，充滿源源不絕的人潮，各式娛樂節目輪番上演，想感受倫敦最精采的夜生活，只要做好人擠人、和與醉漢共舞的心理準備，打開心胸，你永遠不知道下一秒會遇到什麼有趣邂逅！

Route 路線地圖

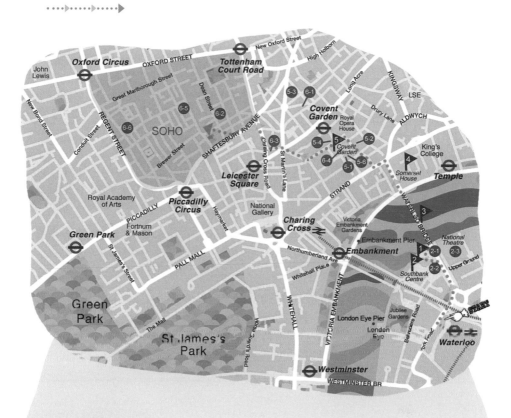

1. 南岸街頭市集 Southbank Centre Market
2. 南岸藝術巡禮 Southbank Centre
　2-1. 南岸古董書市 Southbank Centre Book Market
　2-2. 海沃美術館 Hayward Gallery
　2-3. 英國國家劇院 National Theatre
3. 滑鐵盧大橋 Waterloo Bridge
4. 藝術建築 Somerset House
5. 柯芬園 Covent Garden
　5-1. 古董創意市集 Jubliee Market & Apple Market
　5-2. 倫敦交通博物館 London Transport Museum
　5-3. 倫敦冠軍咖啡 Monmouth Café
　5-4. 倫敦最美麗的蘋果專賣店 Apple Store
　5-6. 超划算兌幣小店 Covent Garden FX

晚餐 Dinner Time
6-1. 道地比利時啤酒配鮮味淡菜 BELGO
6-2. 龍蝦漢堡 Burger & Lobster
6-3. 義大利餐廳 Sartori
6-4. 一吃上癮的美味漢堡 Shake Shack
6-5. 平價美味泰式料理 Busaba
6-6. 各式亞洲菜大會師 ChaChaMoon

Spot 1.

南岸街頭市集　Southbank Centre Market

DATA | 🏠 Southbank Centre Square　🕐 12pm-8pm 週五
11am-8pm 週六 12pm-6pm（週一及國定假日 12pm-6pm）

位在南岸藝術中心旁的街頭市集，可説是市中心規模最大的街頭美食集散地，販賣各式各樣的異國料理小吃（你能想到的幾乎都有），仔細逛一圈，攤主們個個都是經驗豐富、大有來頭，有的是小本創業、靠著擺攤漸漸紅起來的年輕人，或是經營餐車生意多年、販賣異國美食的資深老闆，也難怪這裡吃到的都是品質保證，道地又美味。我們情有獨鍾的一攤是「韓式 BBQ 烤肉飯捲」，在捲餅裡加入韓式拌飯、韓式烤肉（有牛肉和辣豬五花泡菜可選），還有滿滿生菜統統塞進去捲起來，對半切後不但視覺效果很讚，又好好吃啊！在英國難得吃捲餅還能吃到熱呼呼的飯，非常滿足。

Spot 2.

南岸藝術巡禮　Southbank Centre

DATA| 👉 http://www.southbankcentre.co.uk/
🏠 Belvedere Rd, London SE1 8XX

雖説是歐洲最大的藝術中心，不過南岸一帶所展現的親民氛圍，與藝術的多元選擇，和我們所接觸過的經驗都不太一樣。放眼望去外觀是灰撲撲的粗野派建築群，儘管此種建築形式過去被大肆批評，如今看來，在藝術的世界裡美醜自在人心，尤其是天氣好時配上藍藍的天，相當賞心悦目。

南岸藝術中心分成 Queen Elizabeth Hall、Royal Festival Hall、海沃美術館（Hayward Gallery）等不同部分，提供音樂、舞蹈、表演、展覽等不同活動，周邊還有經常播放獨立電影的英國電影協會（BFI），和英國國家劇院（National Theatre）。此外，南岸藝術中心正下方靠近河邊的廣場，經常聚集許多年輕滑板少年，牆面上布滿活力塗鴉，假日或節慶期間，這一帶也經常舉辦市集活動，可說是從老到少，闔家都適合光臨的好去處。

南岸藝術中心正下方的滑板場，充滿年輕活力的滑板少年！▶

1.
南岸古董書市
Southbank Centre Book Market

DATA| 🏠 A301 Waterloo Bridge, London SE1 8XX ⏰ 每日白天

位在滑鐵盧橋下 Queens Walk 的南岸書市，是許多倫敦人的祕密景點，據說也是南英格蘭唯一的室外二手古董書市，喜歡老書、精裝書的人必去那挖寶。

2.
海沃美術館 Hayward Gallery

DATA| 🏠 Southbank Centre, Belvedere Rd, London SE1 8XX

外表低調的海沃美術館，被認為是 60 年代粗野派建築的代表之一，每年都會推出國際級藝術家的主題展覽。館內創新互動的空間安排，讓看展的過程總是樂趣十足，藝術愛好者不可錯過。最令我們驚豔的是，去年的大展找來藝術家 Carsten Höller 在整棟建築外搭建左右兩座大型旋轉溜滑梯，讓人實際體驗「選擇」的過程，不但新奇好玩，又讓人留下難忘回憶。目前海沃美術館正在進行為期兩年的翻新工程，令人相當期待 2018 年重整完後的全新樣貌。

3. 英國國家劇院 National Theatre

DATA| 🖰 https://www.nationaltheatre.org.uk/ 🏠 South Bank, Waterloo, London SE1 9PX 🕐 週一到週六 9:30am-11pm 週日 12pm-6pm

英國國家劇院又稱為皇家國家劇院，於 1976 年建造完成，在倫敦的藝文發展中扮演重要角色。這裡上演的戲劇包括英國著名大作莎士比亞，世界經典作品以及當代新銳創作，此外，2009 年開始的 National Theatre Live 企畫，拍攝劇場 live 演出，以轉播形式將好作品推廣到世界各地電影院，像是臺灣的威秀影城也有合作，是傳統藝術結合科技的完美詮釋（National Theatre 裡的紀念品店很好逛）。

Spot 3.

滑鐵盧大橋飽覽倫敦地標　Waterloo Bridge

泰晤士河上有好幾條橋，走在滑鐵盧大橋上可將知名的大笨鐘、國會大廈和倫敦眼統統收進眼底，無論是日景和夜景都相當美麗（若要近距離欣賞這幾個觀光地標則可步行至西敏大橋）。

Spot 4.

倫敦市中心最美的藝術建築　Somerset House

DATA| ☞ https://www.somersethouse.org.uk/ 🏠 Strand, London WC2R 1LA ⏰ 週一到週日 10am-6pm

跨過滑鐵盧大橋，右手邊就是倫敦市區中我們最愛的美麗磅礴建築：薩默塞特宮（Somerset House）。過去這裡一直是倫敦時裝週的官方場地（後來移師蘇活區舉辦），也經常舉辦大型特展，像是每年 5 月的攝影大展 Photo London，以及 2016 年 9 月首度舉辦的倫敦設計雙年展。我們最喜歡建築中央的方形廣場，和靠近河岸的寬敞露臺，裡面還設有知名英國餐廳 Tom's Kitchen 和咖啡廳 Tom's Deli，就算不看展只是散散步看風景拍照都很美好。

Spot 5.

柯芬園逛市集看戲　Covent Garden

歷史悠久的柯芬園，總是觀光客來倫敦必去的熱門景點，早在 7 世紀便已存在，17 世紀時發展成果菜市場，演變至今成了最熱門的購物廣場與市集，古老風情與現代感兼具，以美麗的天頂建築著稱，加上周邊活躍的街頭藝人、商家與劇院，都讓柯芬園持續發光發熱。

1. 古董創意市集
Jubliee Market & Apple Market

Jubliee Market

柯芬園中的市集攤販眾多，Jubliee Market 以專賣古董老物為主，旁邊 Apple Market 則是種類繁多，古董、家飾、創意小物、時尚配件等統統有。因為位在觀光區，所以柯芬園市集裡賣的價位通常偏高，記得多逛幾間店仔細推敲比價，有時跟老闆聊聊商品背後的故事也會有意外收穫。

DATA| ⌂ 1 Tavistock St, London WC2E 8BD ◷ 週一 5am-5pm 週二到週五 10:30am-7pm 週六到週日 10am-6pm

APPLE MARKET

Apple Market

DATA| ☞ https://www. coventgarden.london/ markets/apple-market ⌂ Covent Garden, London WC2E 8RD ◷ 每日白天

2.

倫敦交通博物館
London Transport Museum

倫敦有許多以主題為特色的博物館，位在柯芬園旁的交通博物館，主要展出倫敦公共運輸發展史，收藏了為數眾多的交通工具，包括巴士、計程車、電車、火車車廂等，還有不同時期的海報、椅套圖案等，相當有趣。孩童免費入場，成人門票則要價 17 鎊，若不想花錢可以逛逛館內一樓的商店，有很多可愛紀念品小物，非常好買。

DATA| ☞ http://www. ltmuseum.co.uk/ ⌂ Covent Garden Piazza, London WC2E 7BB ◷ 週一到週日 10am-6pm

▲ 地鐵 Logo 印花的包裝紙　　▲ 令人驚豔的各種地鐵椅套周邊商品

3. 超人氣倫敦冠軍咖啡 Monmouth Café

DATA| ☞ http://www.monmouthcoffee.co.uk/our-shops/covent-garden 🏠 27 Monmouth Street, Covent Garden London WC2H 9EU ⏰ 週一到週六 8am-6:30pm

前一章介紹到的倫敦冠軍咖啡 Monmouth Café，就是從柯芬園附近的 Monmouth Street 起家，約 40 年前開始在這間小小的店中烘焙咖啡豆，為了讓客人挑選咖啡豆前能先品嚐，打造了試喝間，後來愈來愈受倫敦人歡迎，才演變為今天的咖啡廳，將烘焙工作移到空間更充裕的 Bermondsey 分店。儘管現在的店面仍像創立時一樣小，人氣可是居高不下，我們每次來柯芬園也一定會外帶一杯香濃的卡布奇諾。

4. 倫敦最美的蘋果專賣店 Apple Store

DATA| ☞ http://www.apple.com/uk/retail/coventgarden/ 🏠 No. 1-7 The Piazza, London WC2E 8HB ⏰ 週一到週六 10am-8pm 週日 12pm-6pm

在倫敦這樣的大城市，連 Apple Store 都可以成為觀光景點！像是柯芬園旁由古老建築改建而成的蘋果專賣店，是我們覺得最美的一家，每次經過裡面總是滿滿的人，店內提供免費 wifi，若需要上網查資訊的人可多加利用。

5. 來倫敦不能錯過的經典舞臺劇 Musical

柯芬園是倫敦著名的劇院區，《媽媽咪呀！》（Mamma Mia!）、《獅子王》（The Lion King）、《歌劇魅影》（The Phantom of the Opera）等經典名劇都在此上演。記得在倫敦看舞臺劇有不少省錢的方式，除了皮卡迪利圓環的半價亭會販賣優惠票，我們也很常在當天開演前，提早一小時至該劇的售票口排隊，不過一切得碰運氣就是了，若非看不可的人記得還是要提早乖乖買票喔！

6. 推！超划算兌幣小店 Covent Garden FX

DATA| ☞ http://www.coventgardenfx.com/ 🏠 30A, Jubilee Market Hall, Henrietta St, London WC2E 8BE ⏰ 週一到週五 9:30am-6pm 週六 10am-4pm

來到柯芬園，一定要順便推薦我們在倫敦最常換不同貨幣的小店 Covent Garden FX，比較過很多家，這裡以現金換英鎊和歐元的匯率總是最好！大推。

$\mathcal{S}pot$ 6.

晚餐 Dinner Time

在倫敦一提到吃，難免大家會對印象中的高消費感到卻步，我們也常聽到不少背包客來倫敦旅遊，只敢吃超市的冷三明治或速食填飽肚子，而放棄體驗當地飲食文化的好機會，多可惜！其實倫敦各地還是有許多好吃不貴的選擇，尤其是觀光區附近總是聚集一家又一家餐廳，不想踩地雷或傷荷包，不妨參考我們在市區常吃的幾間口袋名單。

1. 道地比利時啤酒配鮮味淡菜 BELGO

DATA| ☞ http://www.belgo.com/ ■ Belgo Central: ⌂ 50 Earlham St, London WC2H 9LJ ⏰ 週一到週四 12pm-11pm 週五週六 12pm-11:30pm 週日 12pm-10:30pm ■ Belgo Soho: ⌂ 29-31 Old Compton St, London W1D 5JR ⏰ 週一到週六 12pm-12am 週日 12pm-11:30pm

不知道有沒有人跟我們一樣，來歐洲後才開始愛上比利時啤酒和淡菜？ BELGO 是入門的好選擇，兩樣比利時最著名的美食（酒）成了餐廳招牌，配上酥炸薯條實在爽快！其餘也有提供漢堡及各式肉類等，因為 BELGO 是連鎖店，價位平易近人，只是提醒大家點淡菜時要注意當天提供的是否新鮮，若不新鮮一定要請服務生更換，我們就碰過一次品管疏失的經驗，當下反應後馬上換來一大盤滿滿新鮮淡菜。

▲ 店內提供種類豐富的比利時啤酒

2. 最受亞洲人歡迎的龍蝦漢堡 Burger & Lobster

DATA| Burger & Lobster Soho： ☞ http://www.burgerandlobster.com/home/locations/london/soho/ ⌂ 36-38 Dean Street, Soho, London W1D 4PS ⏰ 週一到週三 12pm-10:30pm 週四到週六 12pm-11pm 週日 12pm-10pm

如店名所示，店內只販售龍蝦和漢堡兩種選項，一份 20 鎊可一人獨享整隻鮮美龍蝦，還搭上薯條與沙拉，難怪深受亞洲觀光客喜愛，Burger & Lobster 目前在倫敦市區有多家分店，若訂不到位不妨多試幾家，詳情請上官網。

3. 比奧立佛主廚還好吃的義大利餐廳 Sartori

DATA| ☞ http://www.sartori-restaurant.com/ ⌂ 15 Great Newport St, London WC2H 7JE ⏰ 週一到週日 12pm-11pm

雖然我們也是奧立佛主廚的粉絲，但不得不承認外表樸實的 Sartori，每每端出的都是令人驚豔又平價的義大利美食！無論你是披薩還是義大利麵愛好者，相信在這都能找到所好，私心推薦滿滿各式海鮮的義大利麵。

4. 一吃上癮的美味漢堡 Shake Shack

DATA| ⌂ 24, Market Building, Piazza, London WC2E 8RD ⏰ 週一到週六 11am-11pm 週日 11am-10:30pm

來自紐約，紅到在世界各地都有分店的 Shake Shack，也是倫敦當地人解饞的好選擇！就位在柯芬園市集中，除了經典起司口味加入香脆培根讓人胃口大開，更驚豔的是素食選項蘑菇漢堡 Shroom Burger，以整片酥炸大蘑菇為主角，美味竟然更勝漢堡肉，漢堡迷們請務必來嚐鮮。

5. 平價美味泰式料理 Busaba

DATA| ☞ http://www.busaba.com/ ⌂ 116-110, Wardour St, London W1F OTS ⏰ 週一到週四 12am-11pm 週五週六 12am-11:30pm 週日 12am-10:30pm

Guara Juice ▲

雖然 Busaba 並非我們在倫敦最喜歡的泰國餐廳，不過憑著它在市中心有多家分店的優勢，每次逛街逛累了很想大吃時，總會想起 Busaba。儘管是連鎖店，但味道一點也不馬虎，幾乎沒有地雷菜，特別推薦他們的番石榴汁（Guava Juice），比例調配得剛剛好，相當好喝！

6. 各式亞洲菜大會師 ChaChaMoon

DATA| ☞ http://www.chachamoon.com/ ⌂ Kingly Court, 15-21 Ganton St, London W1F 9BN ⏰ 週週一到週四 11.30am-11pm 週五週六 11:30am-11:30pm 週日 12am-10:30pm

位在市中心另一個逛街勝地 Carnaby Street 區域的 ChaChaMoon，一樣也是平價、不易出錯的亞洲餐廳，不想吃西餐時我們便會來這點上港式風味的 XO 醬炒蘿蔔糕、乾炒牛河、或臺式牛肉麵（味道跟臺灣的不一樣但也挺好吃），ChaChaMoon 也提供南洋料理，總之吃不慣西式料理的人，不妨來這解解饞。

‖ AFTERWORD ‖

倫敦市中心這幾區充斥著世界各地慕名而來的觀光客，也是我們經常與朋友小聚、逛街的所在，就連以為不會喜歡商業氣息太重的藝術家朋友們，仍然喜愛在週末夜與友人去蘇活區狂歡，相信你們也會在這條路線中感受到不一樣（有點瘋狂）的倫敦面貌。

NONTWINS xx

SOUTH LONDON
南倫敦

☞ ROUTE 6. 異國風與新藝術浪潮的精采混搭

最時髦的菜市場創意聚落、貨積改建而成的新興創意據點……加勒比海的移民文化與慕名而來的年輕創意族群，在這裡激盪出異國風與新藝術浪潮的精采混搭。

☞ ROUTE 7&8. 一日鄉村風格旅

與典型的倫敦印象不同，溫布頓的後車廂市集、獨特的英式跳蚤市場、復古小鎮金斯頓的矮房磚巷……讓你不用遠至牛津、劍橋，就能遺忘大都市的喧囂繁華，享受小鎮風光。

☞ ROUTE 9. 關於岸邊的古老祕境

「泰晤士河就像是一部流動的歷史。」連倫敦人都不一定常去的 NONTWINS 私心路線，帶你一窺沿著河岸發展的英國歷史。

☞ ROUTE 10. 格林威治水岸小鎮漫遊

「左腳站在東半球、右腳踏上西半球」到倫敦一定要朝聖的本初子午線，也就是格林威治標準時間所在的天文臺。在湛藍的天空下於校園野餐、坐渡輪，度過悠閒的一天。

異國風與新藝術浪潮的精采混搭

Peckham *Brixton*

©謝佩穎

在倫敦另一個有趣的現象，因為區域發展和變化太快，即使是曾經去過的人，隔了幾年後重遊，都好像面對全然不同的景色。城市各角落每天都有工程在進行，外來人口也不斷移動遷徙，不過許多區域十年百年累積下來的在地人文特色，反倒是從沒消失，甚至伴隨著時代變遷加入更多創意，新舊融合創造更多新時代價值。

用上述這段話來形容南倫敦真是再適合不過，這裡有全倫敦最大宗的加勒比海黑人移民，近年來，又因為許多喜愛新興藝術的年輕創意族群到此落地生長，兩者互相激盪出充滿異國風味的創意火花！

在與我們真正開始探索南倫敦前，不妨先聽聽過來人的心路歷程。還記得剛抵達倫敦時，連學校老師都會提醒學生前往南倫敦要提高警覺（尤其是天黑後），不知不覺對於南邊的印象，好像都是治安的紅燈區，少蹓躂為妙。但在我們心中，總覺得南倫敦有股很酷的不羈氣息！像是初次的校外教學，去佩卡姆（Peckham）參觀一間位在破舊停車場頂樓、可眺望倫敦天際線的夏日天頂酒吧（Frank's Cafe），雖然當時走在路上有些提心吊膽，不過一看到停車場散落著前衛大膽的裝置藝術，馬上大開了眼界；還有次與朋友相約位在布里斯頓（Brixton）的 O2 Academy 表演廳，欣賞實驗電子樂團的 Crystal Castles 演出，與倫敦文藝青年們一同搖擺狂歡，地上踩著倒翻的溼黏啤酒，那前所未有的感官體驗，就像南倫敦不刻意精美包裝的原生創意般，令人一打開好奇心就無法停下腳步。

So, are you ready?

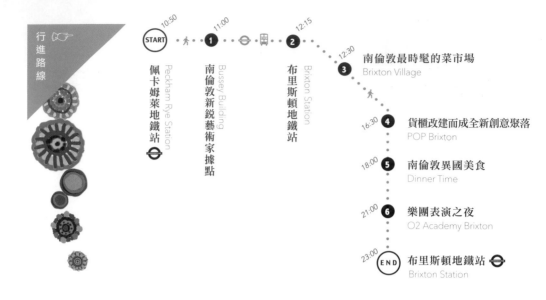

行進路線

10:50 START ──🚶── 1 ── 🚇🚌 ── 2

11:00

12:15

佩卡姆萊地鐵站
Peckham Rye Station

南倫敦新銳藝術家據點
Bussey Building

布里斯頓地鐵站
Brixton Station

12:30 3 南倫敦最時髦的菜市場
Brixton Village

16:30 4 貨櫃改建而成全新創意聚落
POP Brixton

18:00 5 南倫敦異國美食
Dinner Time

21:00 6 樂團表演之夜
O2 Academy Brixton

23:00 END 布里斯頓地鐵站
Brixton Station

這條路線中，我們將帶著大家一次飽覽兩個南倫敦新興藝術重地：佩卡姆和布里斯頓。佩卡姆擁有幾個相當火紅的藝術資源和文創聚落，其中我們最喜歡的，像是之前提過的停車場頂樓夏日限定酒吧 Frank's Café、充斥著許多藝術家工作室的 Bussey Building 創意園區，和歷史悠久的南倫敦藝廊（South London Gallery）等，夏日週末，許多有型的年輕人都會到此聚集，形成一幅好看的人文風景。

從佩卡姆萊地鐵站（Peckham Rye Station）搭乘地鐵或公車來到布里斯頓地鐵站（Brixton Station），又是截然不同的景象。距離車站不遠處的布里斯頓市場，集結了各式各樣的異國風情和物件，賣菜、賣魚、賣手機，拐個彎，又是隱藏了數不清創意驚奇小店的布里斯頓聚落（Brixton Village），好吃的好逛的一次聚集在裝了頂棚的室內市場中。其實這裡過去曾沒落一時，後來靠著招攬年輕有創意的設計師和藝術家進駐，成功帶動起這一區的熱鬧復甦，隔壁的 POP Brixton 也因為將貨櫃屋改建成特色商圈，創造地方就業機會而大受歡迎，光是層層疊疊的貨櫃屋排列在一起就夠殺底片了，喜歡臺北華山、松菸、高雄駁二特區的人，不妨也來瞧瞧倫敦版的創意氛圍！另一個體驗倫敦的好視角，去 O2 Academy 看場表演吧！經常不到一千元臺幣的票價就能看到世界知名樂團的現場演出，保證超值。

Spot 1.

南倫敦新銳藝術家據點　Bussey Building

初次從藝術圈友人那聽說 Bussey Building，就一直很好奇是什麼樣有趣的地方，哪知道，看完網頁介紹還是搞不太懂它葫蘆裡賣什麼藥，所以決定一定要親自走一趟。造訪後意外發現，它狹窄不起眼的入口、牆上一幅幅知名藝術家的大型塗鴉、以及一連串擁有 120 年歷史的老倉庫建築和頹廢氣質，竟和柏林有些相似，遺世獨立風格有別於一般藝文場所，空間與空間中瀰漫著特殊人文味。平時，Bussey Building 大多是「自己人」出沒，自己人指的是窮藝術家、設計師、嬉皮客，不過近年來應該有愈來愈多像我們這樣慕名而來的外地人，只為了有機會親近史多不同的創意能量。Bussey Building 內充斥藝術家的個人工作空間，也有週一到週六每晚營業的表演場地 The CLF Art Café，其背後的經營團體致力於將不同形式的在地藝術整合，提供音樂、戲劇、舞蹈、電影、動畫、展覽等多樣化活動，CAF Theatre 每個月邀請不同新銳及資深劇作家、導演、到非主流劇場加入演出陣容，推薦給喜愛嘗試新形態表演藝術的人；此外，每週都有爵士、靈魂樂、放克、電了等不同類型的表演者和樂團在此演出，有興趣的人不妨先上官網搜尋。週末時，小廣場上也會不時舉辦戶外市集及跳蚤市場，是不少倫敦文青和當地居民的休閒聚會場所。地下室空間 Rye Wax，提供酒吧、咖啡、和越南街頭小吃的有趣結合，也販賣黑膠唱片、CD、漫畫、二手書、遊戲等。

Route 路線地圖

1. 新銳藝術家據點 Bussey Building
2. 最時髦的菜市場創意聚落 Brixton Village（P.94）
3. 貨櫃改建而成新興創意據點 POP Brixton
4. 舊劇院裡的樂團表演夜 O2 Academy Brixton

Bussy Building
假日的廣場市集 ▶

The CLF Art Café

DATA | ☞ http://www.clfartcafe.org/ 🏠 20 Castle St, Kingston upon Thames KT1 1SS, United Kingdom ⏰ 週一到週四 5pm-深夜 週五到週六 5pm-4/6am

Spot 2.

南倫敦最時髦的菜市場創意聚落
Brixton Village

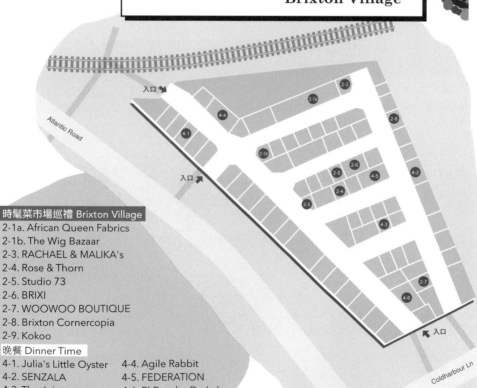

時髦菜市場巡禮 Brixton Village
2-1a. African Queen Fabrics
2-1b. The Wig Bazaar
2-3. RACHAEL & MALIKA's
2-4. Rose & Thorn
2-5. Studio 73
2-6. BRIXI
2-7. WOOWOO BOUTIQUE
2-8. Brixton Cornercopia
2-9. Kokoo

晚餐 Dinner Time
4-1. Julia's Little Oyster   4-4. Agile Rabbit
4-2. SENZALA   4-5. FEDERATION
4-3. The Joint   4-6. El Rancho De Lalo

過去一直給人治安紅燈區印象的布里斯頓，近年來因為許多藝術家、設計師紛紛進駐布里斯頓聚落，讓原本周遭充斥著加勒比海風格風味的傳統菜市場，搖身一變成為時髦異國風情的私房逛街小徑和美食天堂。不僅好逛，這裡的人情味也非常濃厚，是我們非常喜歡的倫敦創意景點之一（建議大家盡量避開週一來訪，大部分店家都會公休）。

1. 傳統布店 & 假髮店

在布里斯頓區域不時會看到一些充滿濃濃非洲風味的傳統商店，無論是販賣各式特色印花的布店，或是擺滿假人頭的假髮店，這類景象在別的地方很少看到，每次經過都覺得非常有趣。像在布里斯頓聚落裡頭就有一間規模不小的布店 African Queen Fabrics，儘管當觀光客買布的機率不大（服裝設計學生可能會心動），不過店家門口販賣了許多布做的相關飾品，像是繽紛的大耳環和包包等，送禮自用兩相宜，印花控要看緊荷包！另外，同樣位在此處的轉角假髮店 The Wig Bazaar，來自束南亞移民的店主阿姨已在地生根十幾年，非常親切地與我們聊了許多布里斯頓市集和倫敦的歷史演變，有興趣不妨找她閒話家常，我們也推薦她店門口賣的印花托特包，樣式好看很適合買回去當伴手禮。

非洲風印花布店 African Queen Fabrics

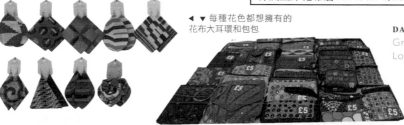

◀ ▼ 每種花色都想擁有的
花布大耳環和包包

DATA | 🏠 29-31
Granville Arcade,
London SW9 8PR

轉角假髮店 **The Wig Bazaar**

DATA | ⌂ 57 Granville Arcade SW9 8PR

▲ 好看又平價的印花托特包

2. 傳統雜貨店

在布里斯頓聚落裡還是有不少傳統菜市場商家與雜貨店，經過時不妨停下腳步，瞧瞧裡面都賣什麼，有些異國風零食還挺有趣呢。我們也在一間路邊的雜貨店買到現在很夯的珐瑯杯，雖然沒有品牌，但價格相對便宜許多，如果行李箱空間夠大的人一定要去大肆採購！（再說一下，送禮自用都適合啊！）

推！

▲ 路邊擺滿各種顏色的珐瑯杯盤

3.

繽紛家飾小物店 RACHAEL & MALIKA's

DATA | ☞ http://www.malika.org.uk/ ⌂ 34, 3rd Avenue, Brixton Village SW9 8PS ⏱ 週二到週日 12pm-6pm

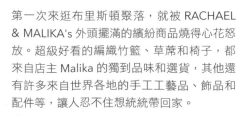

第一次來逛布里斯頓聚落，就被 RACHAEL & MALIKA's 外頭擺滿的繽紛商品燒得心花怒放。超級好看的編織竹籃、草蓆和椅子，都來自店主 Malika 的獨到品味和選貨，其他還有許多來自世界各地的手工工藝品、飾品和配件等，讓人忍不住想統統帶回家。

4. 限量發售的設計師花洋裝 Rose & Thorn

DATA | ☞ http://www.anamiandjanine.com/ 🏠 75, 5th Avenue, Brixton Village SW9 8PS ⏰ 週二、週三 11.30am-5pm 週四、週五 11.30am-5.30pm 週六 11:00am-6pm 週日 12pm-5pm

◀ 金屬製成的小鳥藝術擺飾，一個才 3 鎊！

2005 年由 Anami 和 Janine 所創立的設計師品牌 Rose & Thorn，以印花洋裝為招牌商品，每件印化單品都以小量製作來維持商品的獨特性，價錢又相當合理，難怪多年來在倫敦已經累積了不少時尚粉絲。Rose & Thorn 除了販售他們的自家品牌服飾外，也挑選了一些生活小物、藝術品和美麗精緻的手工飾品等，是我們很喜歡的時尚小店。

5.

創意風格小畫廊 Studio 73

DATA | ☞ http://www.studio73art.com/ 🏠 75, 5th Avenue, Brixton Village SW9 8PS ⏰ 週二到週六 11am-5.30pm 週日 12pm-4.30pm

行經 Studio 73 櫥窗很難不被它玻璃上貼著的可愛畫作、藝術品給吸引過去，店面不大，可裡頭販賣了許多新銳藝術家作品、插畫和小卡等，也有提供客製化裱框服務，在布里斯頓聚落裡有這樣精緻又驚喜的小空間，很合拍。

6. 一進去就出不來的設計小物選貨店
BRIXI

BRIXI 店面空間不大，但櫥窗裡陳列的設計小物樣樣吸睛，原來店主 Emy 非常喜歡去破舊小店和過時的博物館挖寶，這股尋寶的心，也讓所有進入店裡的客人，彷彿展開一場屬於自己的尋寶之旅。Emy 將充滿驚奇創意的手工藝品帶進布里克斯頓市集，不僅販售這些來自世界各地的新銳藝術家的創作，也舉辦展覽和手作工坊等活動，店內許多藝品都是藝術家獨一無二的珍寶，像是每塊都不同的手繪故事磁磚、精美的手作動物面具、幽默插畫風的人臉杯具組等，邊逛邊和 Emy 大聊作品背後的故事，是在倫敦逛選貨店的另種享受，完全不用擔心逛太久最後卻沒買東西的尷尬窘境，只要客人對美好事物表達欣賞與感激，對於那些熱愛蒐集的店主來說，就是一種無價的分享樂趣。

DATA | 🔗 http://www.brixi.co.uk/　🏠 7 Brixton Village SW9 8PR　🕐 週二到週六 12pm-6pm

▲ 小小一間 BRIXI 卻有著讓人深深著迷的吸引力，一一細逛才發現那些驚奇風格的商品個個大有來頭！

7. 在地人的私藏古董店
WOOWOO BOUTIQUE

DATA | ☞ http://www.woowooboutique.co.uk/
⌂ 97, 2nd Avenue, Brixton Village SW9 8PS
🕐 週二到週日 12pm-5pm

從 BRIXI 老闆那打聽來的好逛古董店，店內有不
少保存良好的知名品牌古著服飾，也有家具、小
物等。店主 Eva 總是非常熱情地招呼每一位進門
的客人，介紹每件華服背後的年代故事，是間逛
起來氣氛非常好的小店。

WOO WOO 搜集了不少厲害的古董洋裝 ▶

8. 有質生活家飾店
Brixton Cornercopia

DATA | ⌂ 37-38, 2nd Avenue, Brixton Village
SW9 8PS 🕐 週三到週日 11am-6pm

來到布里斯頓聚落記得一定要逛家用品店，
尤其是廚房小物、園藝小道具等實用器具，
或是當地設計師打造的陶器、手工湯匙等。
我們特別喜歡 Brixton Cornercopia 內洋溢
著美麗樸質的手作感（還有一隻可愛的店貓），無論平時
是否用得上，那些簡約有質感的商品，都能輕鬆成為居家
風格擺設的好夥伴。

9. 異國風巧克力選貨店 Kokoo

DATA | ☞ http://kokoo.love/#kokoo-brixton ⌂ 9
Granville Arcade, Brixton Village SW9 8PR 🕐 週二到週
三 11am-5pm 週四 11am-6pm 週五到週六 11am-9pm

從櫥窗風格到店面擺設都相當有異國風味，Kokoo 創辦人 Pol 耐
心地為我們介紹店內的商品，都是由他和夥伴們與親自挑選的
巧克力原料商合作開發，口味特殊又有趣。像是其中一款特製的
Kokoo Ingots，就花了兩個月時間不斷試吃才做出他們認為屬於
布里斯頓生命力的巧克力，彷彿水彩調色盤的繽紛外觀相當誘人，
口味更是多元獨特，從萊姆酒、薑汁蛋糕、到椰子、鹹焦糖、烘
培咖啡等，光顧時記得一定要請 Pol 帶你試吃看看。

Spot 3.

貨櫃改建而成新興創意據點
POP Brixton

DATA | ☞ http://www.popbrixton.org/
🏠 49 Brixton Station Rd, London SW9
8PQ　🕐 週一到週三、週日 9am-11pm
週四到週六 9am- 午夜

才創立沒多久的 Pop Brixton 已經成為布里斯頓的特色新據點，創立初衷其實是為了創造
當地就業機會而進行的一項計畫。以貨櫃屋排列而成的創意園區，就像是一個個展示空間，
讓設計師和店家得以有平臺曝光，又像是一個大型的交流場域，創業家可以在此交換技術
和心得。除了逛店，這裡也有不少街頭小吃，和隱身在貨櫃屋堆疊而成的奇妙夾層中的小
酒吧，走一遭絕對能感受到源源不絕的創意能量。

Spot 4.

南倫敦異國美食 Dinner Time

1.

路邊品嚐新鮮生蠔 Julia's Little Oyster

DATA | 🏠 Granville Arcade, Coldharbour Ln SW9 8PR

倫敦雖然不靠海，但時常可在市集中嚐到新鮮生蠔，這間 Julia's Little Oyster 就提供了新鮮生蠔讓人在路邊座位區品嚐，海鮮迷們別錯過。

2. 排隊可麗餅名店 SENZALA

DATA | 👉 http://www.senzalacreperie.co.uk/ 🏠 41-42 Coldharbour Ln SW9 8PS 🕐 週一 11am-5pm 週二到週三 10am-10pm 週四到週五 10am-11pm 週六 9am-11pm 週日 9am-10pm

布里斯頓聚落裡有名的餐廳很多，SENZALA 就是其一，隨便問一個路人推薦餐廳一定會聽到 SENZALA 的大名。這裡賣的可不是一般的法式可麗餅，而是融合了巴西風格的創意驚喜，搭配特色辣醬讓口感更豐富特別，甜鹹兼具的多樣化口味，難怪一吃再吃也不膩，早中晚三餐都適合。

3. 肉食主義者的天堂 The Joint

DATA | ☞ http://the-joint.co/ 🏠 87, Brixton village market SW9 8PS 🕐 週二到週日 12pm-11pm

The Joint 是當地人大推的肉食專賣店，由廚師 Warren 和烘焙師 Daniel 共同經營，提供多汁漢堡、 BBQ、烤雞等美味料理，嗜肉者一定要來嚐！

4. 義式披薩配 Live 表演 Agile Rabbit

DATA | ☞ http://theagilerabbit.net/ 🏠 24, Brixton Village Market SW9 8PR 🕐 週一 12pm-4pm 週二到週日 12pm-11pm

可愛繽紛的店鋪裝潢，搭配口味眾多又道 地的義式披薩，難怪每次來 Agile Rabbit 都人潮絡繹不絕。除了吃披薩，晚上也 經常有現場音樂表演，氣氛非常好。

5. 文青咖啡廳 FEDERATION

DATA | ☞ http://federation.coffee/ 🏠 77-78, Brixton Village SW9 8PS 🕐 週一到週五 8am-5pm 週六 9am-6pm 週日 9am-5pm

布里斯頓聚落裡有幾家不錯的咖啡廳，我 們最常去的是 FEDERATION，不但咖啡 好喝，蛋糕也很美味，早餐時段供應的熱三 明治每天幾乎 10 點前就銷售一 空！若想享用一頓南倫敦文青風 格早餐，記得鬧鐘調早一點。

6. 高人氣平價南美洲料理 El Rancho De Lalo

DATA | 🏠 94-95 Brixton Village Market SW9 8PR
🕐 週一到週三 9am-7pm 週四到週五 9am-10pm 週六 9am-7pm

另一間也是排隊名店的南美洲哥倫比亞料理 El Rancho De Lalo，第一次吃除了味蕾大大驚豔，價格更是平易得讓人不敢置信。套餐包含飲料、哥倫比亞牛肉湯加香蕉（喝起來有點類似臺式口味牛肉湯，但加了大蕉），和一份超大分量的肉排、飯跟沙拉，各種食材搭配起來爽口不膩，好吃又大滿足（胃口小的人建議找朋友分食）！

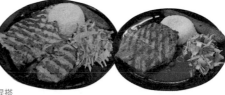

▲ 牛肉湯配香蕉的有趣混搭

Spot 5.

舊劇院裡的樂團表演夜
O2 Academy Brixton

DATA | ☞ http://www.o2academybrixton.co.uk/ 🏠 211 Stockwell Rd, London SW9 9SL
🕐 視演出節目表而定

©ketmonkey via Visual hunt / CC BY-ND

你可能過去有聽過倫敦大巨蛋 O2 Arena，不過這裡要介紹的是 O2 旗下另一間表演場地 O2 Academy Brixton，也是許多音樂愛好者常去的表演場地之一。由舊劇院改建而成，復古的歐式劇場裝潢，跟過去我們在臺灣習慣的 Live House 風格很不同，這裡大部分演出陣容都是知名樂團和 DJ（英式搖滾老團 New Order、美國經典搖滾樂團 Garbage、冰島天團 Sigur Rós 等），票價更是親民得驚人！只不過去之前要先做好心理準備，濃濃啤酒味（或廁所外傳來的小便味）撲鼻而來，儘管環境看似有些「不修邊幅」，卻是很道地和回味無窮的倫敦娛樂風景。

|| AFTERWORD ||

不常去南倫敦蹓躂，但每次去布里斯頓聚落，都讓我們逛到欲罷不能，如果你和我們一樣喜歡各式美麗的印花混搭、各種奇異的衝突美感，來到這你一定能體會那種爽快！

NONTWINS xx

一日鄉村風格旅

7.8
Route

Wimbledon　Kingston　New Malden

很常聽到「鄉村風」，身邊也有不少朋友喜愛 Rustic Style，才發現這個從鄉村建築演變而來的風格，在現今流行文化中已經成為一種生活方式或時尚穿搭的代名詞，像是近幾年臺灣人去英國玩必敗的伴手禮品牌 Cath Kidson，應該是很多人心中的鄉村風經典代表。回憶起英國的鄉村風光，總叫人難忘：一大片層次感的綠草地綿延，時不時群聚的羊，高緯度國家的樹木和鄉間小屋。但有趣的是，我們第一次真正置身於英國的「鄉村風」，不是約克（York）、不是柯茲沃（Cotswold），而是在倫敦。

將目光瞄準倫敦地圖上的西南方，總讓我們念念不忘、回味無窮的原因和緣分，那是 2012 到 2013年間，我們時常往返的其中一個「家」。它是倫敦的一部分，位在距離市中心搭火車半小時到得了的區域，又不像倫敦，少了大城市的喧囂，好似到了某個世外桃源的鄉間小鎮。在大倫敦的概念形成後，西南倫敦成了富人的清淨樂土，也是都市人放空的好所在。

西南三區（Zone 3）的溫布頓（Wimbledon）對人家來說應該不陌生。每年 6 月，這裡總會聚集大批運動、網球迷前來朝聖，大草地前一群又一群人席地而坐排隊兼野餐，那是倫敦入夏的美好預告。但溫布頓其實不止於此，每年十二個月，一週七天中有二人，倫敦人會開車載著舊家當，到運動場外的停車場聚集，那是尋寶也獻寶的本地跳蚤市集，某種程度上也能算是「以物易物」或分享的概念（你以非常便宜的價錢出清東西後，又會忍不住買些物超所值的東西回家）。

再往西南的方向去，就是幾個有名的富人區了，金斯頓（Kingston）和瑞奇蒙（Richmond），倚著泰晤士河上游美麗的河岸風光，若有幸住得起大概也不會想離開了吧？很幸運我們的倫敦初始曾在此度過一段美好的學生時光，深刻體會到，倫敦比臺北人腦海中想像得大，大太多了。

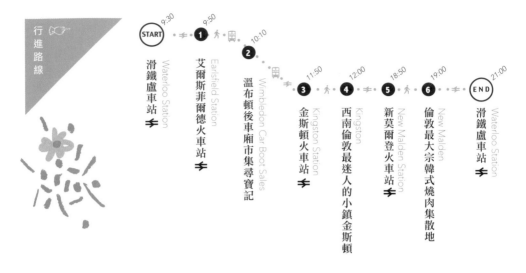

START 9:30 · 1 9:50 · 2 10:10 · 3 11:50 · 4 12:00 · 5 18:50 · 6 19:00 · END 21:00

滑鐵盧車站 Waterloo Station

艾爾斯菲爾德火車站 Earlsfield Station

溫布頓後車廂市集尋寶記 Wimbledon Car Boot Sales

金斯頓火車站 Kingston Station

西南倫敦最迷人的小鎮金斯頓 Kingston

新莫爾登火車站 New Malden Station

倫敦最大宗韓式燒肉集散地 New Malden

滑鐵盧車站 Waterloo Station

108

既然命名為一日鄉村風格旅，在這條路線中可飽覽的風景，應該和大部分人心中的典型倫敦印象非常不同。從市中心出發往西南倫敦，最簡便也省時的方法是從滑鐵盧車站搭火車，我們建議早上先逛逛位於溫布頓的後車廂市集，感受一下獨特的英式跳蚤市場風情；接著來到西南六區（Zone 6）的可愛小鎮金斯頓，享用一頓 CP 值超高的平價英式早午餐，為一下午的小鎮巡禮充飽電。推薦你放慢腳步，用雙腳好好感受這自成一格的小鎮風光，漫步在金斯頓市中心的矮房磚巷中，一不小心就會忘記自己還身在大都會倫敦，多棒。可別以為小鎮一下子就會讓人無聊，這裡應有盡有的商店街和專屬小鎮的溫馨小店，買不完的伴手禮，保證你滿載而歸。逛累了，散步到金斯頓最美麗的泰晤士河畔，夏日午後，天鵝在岸邊嬉鬧，人手一杯啤酒席地而坐，陽光搭配氣溫剛好的徐徐微風灑下，這裡有倫敦人迷戀西南小鎮的一切理由。在意猶未盡時離開，替下次造訪增添點期待，回程火車會經過四區（Zone 4）的小鎮新莫爾登（New Malden），那裡有倫敦著名的韓國城，可吃到比臺灣餐廳道地許多的韓式燒肉，只要市中心三分之一的價位，就能在昂貴的倫敦享用一頓酒足飯飽的亞洲大餐。

DATA |

$ 第一小時£2，之後只要 50p

🕐 週三 10:30-14:00；週六 6:30-13:30；週天 7:00-13:30（復活節、聖誕節、新年假期等國定假日，記得事先查詢是否有營業）

🚌 從滑鐵盧車站搭乘 Southwest Train 往西南方向，在 Earlsfield 車站下車，再步行約 15 分鐘抵達，或轉乘公車 44/77/270 在 Summerstown 下車，再步行約 3 分鐘即抵達。

Spot 1.

溫布頓後車廂市集 Wimbledon Car Boot Sales

來歐洲必逛的跳蚤市集中，在一拖拉庫卡車後車廂旁舉辦的市集（Car Boot Sales），是最新奇好玩的一種類型。很多倫敦人心目中最棒的後車廂市集，就在溫布頓運動場（Wimbledon Stadium）旁的大型停車場裡舉辦，還記得初次造訪時看什麼都新鮮、樣樣都好奇，和我們過去在其他地方逛過的跳蚤市場經驗大不同，觀光客不多，全是道地風景。這裡有超過兩百個攤位，只要付少少門票錢，就能入內搶購便宜家用品或珍奇骨董寶物，記得邊逛邊見習濃濃英式風味的殺價法，買東西前一定要殺價，這是逛後車廂市集的最大樂趣。

▼ 我們發現市集裡的攤主對陳列也頗為擅長，總能表達亂中有序的美感！

▼ 在市集中驚見一整隻活靈活現的狐狸標本！

Spot 2.

西南倫敦最迷人的小鎮金斯頓　Kingston

在很多人心中倫敦是個不折不扣的大城市，若想體驗英
式小鎮風光，得跑去倫敦以外的牛津（Oxford）、劍橋
（Cambridge）、甚至更遠的約克（York）才行。但其實
在都市中一樣可以享受迷人的小鎮風光，而且只要花短短
一日行程就能有置身世外桃源的體驗！馬上就出發去金斯
頓小鎮吧！

🚇 從 Earlsfield 車站
搭乘 Southwest Train
往 Shepperton 方向，在
Kingston 車站下車即可。

Route 路線地圖 ⋯⋯▸▸▸▸▸▶

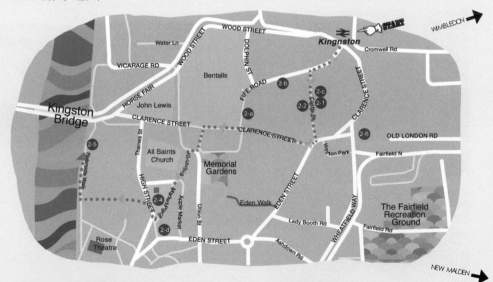

西南倫敦最迷人的小鎮金斯頓 Kingston
　2-1. CP值超高的英式早午餐 La Fiesta
　2-2. 糖果店 Mr Simms Olde Sweet Shoppe
　2-3. 小鎮巡禮 Kingston Old Town
　　　2-a. 巧克力店 Montezuma's Chocolates
　　　2-b. 派對道具店 Partica
　　　2-c. 慈善二手店 OXFAM
　　　2-d. 甜食店 glutopia
　2-4. 古老廣場市集 Ancient Market Place
　2-5. 泰晤士河上游漫步 Thames
　2-6. 裝置藝術倒塌紅電話亭 Out of Order

1. 5鎊有找！CP值超高的英式早午餐 La Fiesta

La Fiesta 是我們在金斯頓最常光顧的早午餐店，沒有富麗堂皇的裝潢，而是平價大碗的親切感，吃的是西餐，卻有種臺灣小吃的樸實溫暖。打開琳琅滿目的菜單，我們最常點的是傳統英式早餐和口味眾多的大分量帕尼尼，不但好吃又超級平價，一份不到 5 鎊，在倫敦是不可思議的佛心價啊！

▼ 經典英式早午餐（English Breakfast）

DATA| 🏠 220 Castle St, Kingston upon Thames KT1 1SS ⏰ 週一到週六 7am-7pm 週日 7am-6.30pm

◀ 倫敦很常見的義式熱壓三明治帕尼尼（Panini）

2. 走進哈利波特風糖果店 Mr Simms Olde Sweet Shoppe

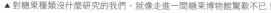

▲ 對糖果種類沒什麼研究的我們，就像走進一間糖果博物館驚歎不已！

DATA| 👉 http://mrsimmsoldesweetshoppe.co.uk/ 🏠 21 Castle St, Kingston upon Thames, Kingston KT1 1ST ⏰ 週一到週六 10am-6pm 週日 11am-5pm

英式小鎮裡非常適合出現這樣一家維多利亞風格的復古糖果店，讓人立刻聯想到《哈利波特》裡的魔法糖果鋪。店內供應各式各樣古早味和新奇造形的糖果，包裝充滿精緻小驚喜，滿滿一面牆陳列了裝在透明玻璃罐中色彩繽紛的英式 Bon Bon 軟糖，除了好買，還忍不住拍不停。

3. 復古小鎮巡禮 Kingston Old Town

來到金斯頓，你會發現這個復古迷人的小鎮，裡頭擁有的商業機能完全超乎你的想像！除了幾間大型購物商場 Bentall、John Lewis、Marks & Spencers，保齡球館、電影院、品牌專賣店、小店、餐廳、酒吧也應有盡有。在小鎮裡探險沒有什麼既定規則，更不用害怕迷路，迷你又集中的特色，讓你不用拿地圖或打開手機也不會走太多冤枉路，反而更能享受下個轉角的驚奇，英式小鎮裡有許多可愛的石磚路小巷，隨便一個街角都是難忘風景，以下就提供一些我們平常愛光顧的口袋名單，像是有得過獎的巧克力店 Montezuma's、商品千奇百怪誇張又好笑的道具店 Partica、省錢又可挖寶的慈善商店 OXFAM、還有以杯子蛋糕出名的下午茶好選擇 Sweet Revenge，連英國知名香水品牌 Jo Malone 的專門店都坐落在復古優雅的都鐸建築中，推薦大家慢慢逛，享受悠閒的午後慢活。

Jo Malone 位在金斯頓的分店 ▶

得過獎的巧克力
Montezuma's Chocolates

DATA| ☞ https://www.montezumas.co.uk/ 🏠 4 Fife Rd, Kingston upon Thames KT1 1SZ ⏰ 週一到週六 9.30am-6pm 週日 11am-5pm

門口看起來不算太特別，進門試吃後卻大大驚奇，原來 Montezuma's 是間得過獎的巧克力店。店主 Helen 和 Simon 辭去工作後到南美洲旅行，愛上當地的可可，才有了開巧克力店的念頭，所以 Montezuma's 內所使用的巧克力原料都有高品質保證，不喜歡甜食的人，也可選擇 100% 黑巧克力棒的濃醇滋味。

派對必備的搞笑的道具店 Partica

DATA| ☞ https://www.partica.co.uk/ 🏠 34-36 Fife Rd, Kingston upon Thames KT1 1SU ⏰ 週一到週三、週五到週六 9am-6pm 週四 9am-8pm 週日 11am-5pm

外國人很愛在家辦派對，所以像 Partica 這樣的派對道具店也就因應而生。店內販賣商品種類繁多，誇張又好笑，搞不好也可以買到有趣的伴手禮（笑）。

省錢挖寶好去處！慈善二手商店 OXFAM

DATA| ☞ http://www.oxfam.org.uk/shop/local-shops 🏠 16 Castle St, Kingston upon Thames KT1 1SS

在地有名的甜食店 glutopia

住在金斯頓小鎮期間很常去挖寶的慈善小店，商品應有盡有，像是二手衣、飾品或家飾小物都很便宜，我們曾買過質感很好的真皮短褲、或是有紀念意義的古董啤酒杯，有空的話不妨去碰碰運氣。

DATA| ☞ http://www.sweetrevengelondon.com/our-bakery/ 🏠 39-41 Market Pl, Kingston upon Thames KT1 1JQ ⏰ 週一到週五 10am-7pm 週六 9.30am-7.30pm 週日 10.30am-6.30pm

在金斯頓小鎮頗負盛名的下午茶好選擇，前店名取名「甜蜜的復仇」也相當可愛。我們每次經過都會忍不住探頭望今天有什麼不同口味的大小杯子蛋糕，推薦大家逛街逛累了不妨進店裡嚐一口經典的紅絲絨（Red Velvet），怕太甜的人可選擇迷你款剛剛好。

4. 古老廣場市集 Ancient Market Place

DATA| 🖝 Kingston Market Place, MarketPlace London KT1 1JH 🕐 早上到傍晚前

身為最古老的英國皇家自治區之一，歷史悠久的金斯頓小鎮中處處可見皇室蹤跡。從百年前就已存在至今的廣場市集，每日販賣新鮮的農產品、海鮮、花卉和異國美食，廣場正中央的文化中心裡也有布店、鄉村風格的家飾雜貨店，甚至是不定期舉辦的藝術展覽活動等。

廣場市集上新鮮、好吃又便宜的蔬果是當地居民們的最愛！▼

廣場上的文化中心 ▼

文化中心二樓的布店 ▼

◀ 文化中心一樓的鄉村風格家飾店

一日鄉村風格旅

113

5. 泰晤士河上游漫步 Thames Path

逛完市區，建議在傍晚時前往金斯頓最美麗的河邊散步（注意冬天時三點左右就天黑了），欣賞過許多泰晤士河不同角度的河岸風光，這一段絕對是我們心目中的前三名美景。從金斯頓大橋（Kingston Bridge）一路沿著河邊往南散步，有綿延不絕的餐廳和酒吧（我們最常去的是有帥氣調酒師的 THE BISHOP），還有幾艘停泊的船屋，點杯英式啤酒就能在岸邊享受有別於都市的恬意時光。

DATA| ⌂ Riverside Walk, Kingston upon Thames KT1 1QN

▲ 英式酒吧 THE BISHOP

◀ 金斯頓河邊另一個著名風景是成群的大天鵝和鴨子

6. 倒塌紅電話亭的英式幽默 Out of Order

DATA| ⌂ 22 Old London Road, Kingston upon Thames KT2 6ND

金斯頓還有個相當有趣的藝術地標：整排如骨牌倒塌的紅色電話亭雕像（Out of Order）！這是 1988 年由藝術家 David Mach 所創作的雕塑品，充滿濃濃英式幽默感，來訪金斯頓一定不要忘記拍張照留念。

倫敦最大宗韓式燒肉集散地 New Malden

結束了一天的西南倫敦探險，坐火車回到市中心前，短暫停留鄰近四區（Zone 4）的韓國城大啖燒肉吧！我們誠心推薦，這餐絕對能為旅程的最後再添興奮亮點。新莫爾登被視為是歐洲最大的韓裔集中地，當中也包含許多北韓移民，當地有至少 20 家韓國餐廳與大型韓國超市，是亞洲留學生的最愛。因為生活在倫敦的韓國人非常多，韓國菜也變得相當有名和道地，可惜在消費高昂的市中心，吃上一頓韓國菜往往要價不菲，所以若有機會來到新莫爾登的韓國城，一定要體驗一下省荷包兼大口嚐道地韓式料理的滋味，保證不虛此行。

> 🚇 從 Kingston 車站搭乘 Southwest Train 往 Waterloo 方向，在 New Molden 車站下車即可。

Han

DATA| ☞ https://hankaraoke.wordpress.com/ 🏠 4 Apex House, 1 High St, New Malden KT3 4DQ 🕐 週一到週日 5:30pm-12.30am

新莫爾登裡我們最愛的韓國餐廳，裝潢很有古典韓風的 Han，燒肉套餐加上海鮮煎餅，四個人分下來一人才不到 10 鎊價格，就算點到超撐的分量外加飲料，也能將預算控制在一人 20 鎊內，超划算。店內也提供各式酒類和卡拉 ok。

▲ 韓式燒肉、海鮮煎餅與配菜，分量多、口味道地又平價美味。

Cool II Kwan

DATA| 🏠 15 Coombe Rd, New Malden KT3 4PX 🕐 週一到週六 12pm-9pm

如果你是大胃王，建議去這家 15 鎊吃到飽的韓式 Buffet，燒肉可現烤，還有海鮮、石鍋拌飯、小菜等超多選擇！

一日鄉村風格旅

115

只有當地人才知道的 Kingston 冷知識

- 這裡是全倫敦治安最好的地方
- 皇家自治市徽章是三條魚
- 地方議會前的加冕石曾歷經七位國王的加冕典禮，1850 年就置放在小鎮至今

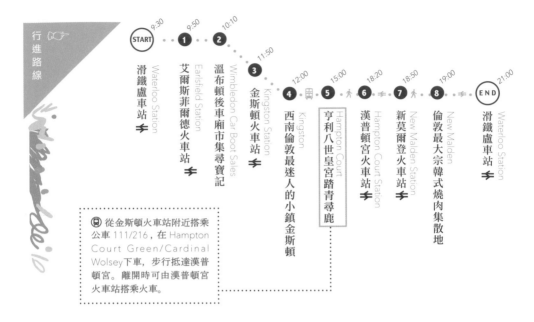

行進路線 ☞

START 9:30	1 9:50	2 10:10

START 滑鐵盧車站 Waterloo Station 🚉

1 艾爾斯菲爾德火車站 Earlsfield Station 🚉

2 溫布頓後車廂市集尋寶記 Wimbledon Car Boot Sales

3 11:50 金斯頓火車站 Kingston Station 🚉

4 12:00 西南倫敦最迷人的小鎮金斯頓 Kingston

5 15:00 亨利八世皇宮踏青尋鹿 Hampton Court

6 18:20 漢普頓宮火車站 Hampton Court Station 🚉

7 18:50 新莫爾登火車站 New Malden Station 🚉

8 19:00 倫敦最大宗韓式燒肉集散地 New Malden

END 21:00 滑鐵盧車站 Waterloo Station 🚉

🚌 從金斯頓火車站附近搭乘公車 111/216，在 Hampton Court Green/Cardinal Wolsey 下車，步行抵達漢普頓宮。離開時可由漢普頓宮火車站搭乘火車。

西南倫敦除了美麗的金斯頓小鎮漫步，我們也推薦另一個玩法，可以花更多時間親近大自然和歷史。英國歷史上赫赫有名的國王亨利八世的皇宮漢普頓宮（Hampton Court Palace），就位在金斯頓小鎮不遠的河邊，除了本身建築物非常壯麗優雅，也很值得花張門票錢進去參觀，漢普頓宮內的花園非常有皇家的華美風格，甚至可觀鹿。沒時間付費參觀也沒關係，不妨步行至漢普頓宮附近的布希公園（Bushy Park）追鹿去，布希公園是倫敦 11 個皇家公園之一，雖號稱「公園」，實際上占地非常大，得做好走上一兩個小時的準備。在全世界綠地占比最高的城市倫敦，不用千里迢迢到鄉下就能體驗原始不受破壞的自然風味，置身在一望無際的大草原中，身旁不時有倒塌的巨木殘骸，隨手一拍都像是電影場景。

亨利八世皇宮 Hampton Court Palace

DATA ☞ http://www.hrp.org.uk/hampton-court-palace/ 🏠 East Molesey, Surrey KT8 9AU, United Kingdom 🕐 週一到週五 10am-6pm

布希公園 Bushy Park

DATA| ☞ https://www.
royalparks.org.uk/parks/
bushy-par 🏠 Hampton
Court Rd, Hampton,
Middlesex TW12 2EJ
🕐 週一到週日　6:30am-
7:30pm（冬天會提早關門）

‖ AFTERWORD ‖

曾在這樣夢幻的英式小鎮生活過，是我們每次
回味起倫敦，嘴角就忍不住上揚的美好經歷。

這天為了書重遊舊地，特別以迷人的復古鄉村
風格服裝向這片美景致敬，在小鎮中，很適合
向路上的英國爺爺奶奶學習經年累月的獨特風
格品味，其實只要「態度」對了，旅行也能輕
輕鬆鬆時髦起來，還能更加融入周遭環境和氛
圍中，多好。

NONTWINS xx

關於岸邊的古老祕境

Rotherhithe　Wapping　Shadwell

（建議週日造訪）

花費時間：半日～一日　　建議季節：四季

回想起小時候很愛海，也許是住在島國的家鄉，總是輕易就能追著海浪跑的緣故。長大後，橫跨大片海峽來到不靠海的倫敦，對於不同城市幅員和國土邊界的想像，一瞬間被放大許多，連對於海的喜好，都被一條大河給取代。從一條河看城市風景，也從一條河看城市興衰，蜿蜒的泰晤士河畔，不僅坐落著名的觀光景點，更有著拼湊倫敦全貌的絲絲線索，等著每個過路的人挖掘。很喜歡的那句經典名言「泰晤士河就像一部流動的歷史（The Thames is liquid history）」，在實際當過泰晤士河邊的居民後，從故事成了日常上演的生活。

118

或許對倫敦客來說，這章所提及的幾個區域，不常被列為假日出遊去處，但對於私心想寫下這條路線的我們，卻是三年倫敦總和中最常想起的甜蜜記憶，不僅因為住在河邊，每天都有唾手可得的「著名倫敦風景」，更因為住在河邊，才有機會認識更多倫敦的小祕密，像是載著英國清教徒駛往美洲開發新大陸的五月花號（Mayflower），曾在此停泊啟航，或是原來大河岸邊潮汐底下的風景，像極了綠色的異次元世界，沙灘上的斷頭臺，過去曾斷送多少航海時代的海盜亡魂。

若你覺得已經夠了解倫敦，循這章的腳步前進，會發現倫敦的多樣面貌竟隱藏在這些不為人知的小地方；若你覺得還不夠了解倫敦，從這裡出發，是連倫敦人都會驚喜的獨到視角。

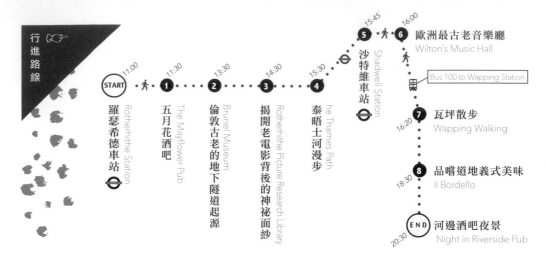

這條路線中介紹的三個區域，常被不熟悉的人定義為 Residential Area（住宅區），就沿著倫敦東邊的新建的地上鐵車站羅瑟希德（Rotherhithe）、瓦坪（Wapping）和沙德韋爾（Shadwell）展開，距離不遠但中間隔著條泰晤士河，因此接連北岸與南岸的隧道和地鐵可說是當地人相當重要的交通工具，一旦停用就得繞遠路。

羅瑟希德據說是倫敦華人最愛居住的區域，從車站出來，馬上能感覺到一股清幽氣息，四下望去除了一間當地日常生活仰賴的地方超市，只看得到低矮住宅、公車站、路樹跟馬路，還有長得像玩具模型的車站門面（不妨拍張照留念一下）。不過距離這裡咫尺的地方，就是與古老倫敦相當有淵源的泰晤士河畔，一天當中總是不乏在地人潮的五月花酒吧（The Mayflower），當年停靠五月花號，乘載著一批嚮往自由的清教徒遠航，時至今日，也成為當地人心中的精神座標，來倫敦不但得品嚐平價美味的酒館料理（Bar food），還有英國人星期天上教堂後的傳統午餐料理星期日烤肉（Sunday Roast），都在古色古香的英式酒吧中讓人大大驚豔。吃完美妙午餐，別忘了羅瑟希德還隱身許多藝文味十足的景點，像是揭開倫敦古老地下隧道起源的 Brunel Museum，以及鮮為人知的獨立影像製作公司 Sands Film Studio 和劇場工作室 London Bubble，都是實際當過居民才知道的祕密地點，Sands Film Studio 裡頭的舊影像圖書室 Rotherhithe Picture Library 平日有開放一般民眾入內參觀，對復古時尚和老電影有興趣的人一定不能錯過！結束了以上行程，朝我們老家隔壁的 King's Stairs Gardens 散步，倫敦塔橋就在不遠處閃閃發亮，這裡可是連攝影師友人都大讚的絕美取景地！

離開羅瑟希德，搭地上鐵（Overground）前往另一個與藝文有關的古老景點 Wilton's Music Hall，它是歐洲最古老的音樂廳，光是走進建築物中參觀就彷彿坐上時光機穿越兩個

世紀，牆上、門面與各角落的斑駁痕跡，真是美極了！（我們的親身經驗是手中的相機快門停不下來啊）不管是喜歡表演藝術或建築的人，都推薦你來親自感受這渾然天成的歷史古蹟，像是坐在一樓音樂廳中最古老的空間喝個悠閒下午茶或小酒，約莫傍晚時分，再散步或搭公車前往瓦坪，我們曾在倫敦居住的另一個美麗河岸小區。過去在瓦坪有個相當厲害的藝文空間 Wapping Project，由藝術家操刀、舊廠房改建而成，很可惜三年前已關閉，現在只能從外面窺探遺跡，不過瓦坪還是有著與一般倫敦印象相當不同的區域特色，像是碼頭風格的高級公寓和石磚街道。若剛好遇到退潮時分，還能沿著河岸步道來到離泰晤士河最近的沙岸，欣賞防波堤底下布滿青苔的神祕樣貌，北岸瓦坪與南岸的羅瑟希德有著截然不同的氛圍景致，都值得你細細品味，晚餐落腳瓦坪當地知名的義大利餐廳，道地口味與大分量，讓一週七天幾乎天天客滿。酒足飯飽後還有精神，不如再去岸邊的酒吧回味一次美麗的泰晤士河夜景吧！

Route 路線地圖

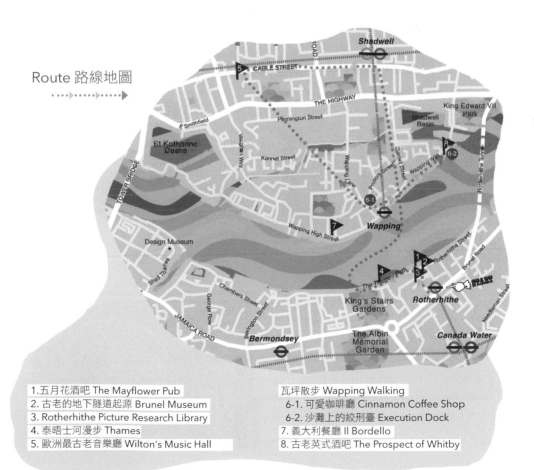

1. 五月花酒吧 The Mayflower Pub
2. 古老的地下隧道起源 Brunel Museum
3. Rotherhithe Picture Research Library
4. 泰晤士河漫步 Thames
5. 歐洲最古老音樂廳 Wilton's Music Hall

瓦坪散步 Wapping Walking
　6-1. 可愛咖啡廳 Cinnamon Coffee Shop
　6-2. 沙灘上的絞刑臺 Execution Dock
7. 義大利餐廳 Il Bordello
8. 古老英式酒吧 The Prospect of Whitby

Spot 1.

五月花酒吧 The Mayflower Pub

DATA | ✆ http://www.mayflowerpub.co.uk/ 🏠 117 Rotherhithe St, London SE16 4NF ⏰ 週一到週六 11am-11pm（用餐時間 12pm-10pm）週日和例假日 12pm-10.30pm（用餐時間 12pm-9pm）

一開始認識五月花，還以為只是間當地人很喜歡光顧的英式酒吧，直到有朋友特地遠道來吃上一餐，才發現它其實很厲害！先前提到那段五月花號曾在此停靠的故事，讓五月花成為河畔酒吧中最古老的有名代表，走進門就像回到 16 世紀的倫敦，從狹小的空間、裝潢到桌椅擺設，以及小巧可愛的戶外花園，都讓人不難想像四百年前的歷史人物就坐在同樣的位置上喝酒，相當懷舊有趣。

然而在緬懷過去之餘，其實五月花酒吧能持續受到現代人歡迎的原因，就在於它的平價卻很講究的食物，通常去英式酒吧是不用訂位的，但像五月花這樣受歡迎的酒吧，請比照一般餐廳辦理以免撲空！特別推薦這裡的星期天傳統英式午餐 Sunday Roast，各式肉類搭配約克夏布丁與大分量蔬菜，經典又好吃！平常供應的菜色中，我們最喜歡的是清蒸淡菜，分量大又超級美味，女生只要點小分搭配麵包已足夠，另外像是羊排、漢堡、炸魚薯條也很受歡迎，如果還吃得下，甜點可選當季水果起司蛋糕，酸甜香濃，當然一定要點上一杯清涼啤酒下飯才過癮（笑）！

◀ 淡菜和起司蛋糕是我們每次來必點的兩道菜。

Spot 2. ↙

倫敦古老的地下隧道起源 Brunel Museum

DATA | 付費導覽（步行和遊船兩種）✆ http://www.brunel-museum.org.uk/events/guided-walks/ 🏠 Railway Ave, London SE16 4LF ⏰ 週一到週日 10am-5pm

從羅瑟希德地鐵站出來往左手邊看，跟著牆上一排可愛的手繪塗鴉往前走，就可以看到一根煙囪與造形特別的 Brunel Museum 標示。相較其他倫敦的博物館，Brunel Museum 可說是相當迷你，不過若了解它背後的歷史，就會發現更多倫敦的有趣祕密，前身是 Brunel Engine House，為連接泰晤士河兩岸瓦坪和羅瑟希德的海底隧道（Thames Tunnel）其中一部分建設，據文獻記載，泰晤士隧道是世界上第一條成功建在可航行河道下的古老隧道，19 世紀中葉就已存在，對往後倫敦河底地下道工程有深遠影響，在 Brunel Museum 裡頭可看見當時留下的畫像，顯示貴族身穿華服走在地下道的模樣，甚至舉辦嘉年華會，十分有趣。如今這條海底隧道已成為東倫敦地上鐵的一部分，而原本置放排水泵的 Brunel Engine House 也成為博物館，繼續講述這段有趣的故事。此外，這裡也會不定時舉辦表演或派對活動，每週還有熱門的付費步行導覽（Walking Tour）和遊船導覽（Boat Trip）可選擇，成人每人 10 鎊，不需提前預約，只需到指定地點集合，詳情可參考官網。

Spot 3.

揭開老電影背後的神祕面紗
Rotherhithe Picture Research Library

DATA | ☞ http://www.sandsfilms.co.uk/
🏠 382 St Marychurch St, London SE16 4HZ, United Kingdom 🕐 週一到週五 10am-4pm

獨立製片公司 Sands Film Studio 於 70 年代在羅瑟希德落腳，不但提供道具和技術，這裡更有知名的戲服訂製工坊，作品包括許多知名電影和戲劇節目，像是 2004 年的經典電影《歌劇魅影》。更有趣的是，Sands Film Studio 中還有間對外開放的 Rotherhithe Picture Library，裡頭收藏了數量龐大的歷史影像剪貼簿，包括電影、廣告、包裝、服裝等，分門別類提供一般大眾研究使用，無論是學生或服裝設計師都經常到此取材。此外，這裡也提供羅瑟希德當地許多歷史資料，即使只是到此一遊參觀，仍然很值得走進 Rotherhithe Picture Library 感受一下渾然天成的古老氛圍。

Spot 4.

泰晤士河漫步　The Thames Path

儘管看過這麼多泰晤士河風景，位於老家隔壁的這段風景仍然美好得無人能敵。將童話般的塔橋盡收眼底，累了還能在 King's Stairs Gardens 的小丘上躺著看藍天野餐，這裡少了觀光客的喧囂，能多體驗一點倫敦人的日常，如果不想接著走下面的行程，從這裡直接沿著河邊散步到塔橋也不錯（途中會經過設計博物館舊址）！

Spot 5.

歐洲最古老音樂廳　Wilton's Music Hall

DATA | https://wiltons.org.uk/
1 Graces Alley, London E1 8JB

忘記從哪裡聽來這個倫敦古老的祕密景點，歐洲最古老的音樂廳 Wilton's Music Hall，因為正好離家不遠，就挑了天晴朗日子去探索拍照，結果不出所料果然好喜歡！它斑駁復古的一切有著不矯揉造作的美，從外牆、門面，到裡面的裝潢、陳列、擺設，就算不清楚來歷也能感受它歷經風霜的歷史痕跡，連褪色的油漆都可愛極了。很可惜我們並沒有實際在這裡看過表演，僅巧遇一場表演開演前的熱鬧場面，每個人人手一杯香檳或紅白酒開心寒暄，讓人驚訝英國人對於珍貴遺產的保留和支持真的不遺餘力。來旅遊可能很難有時間實際坐下欣賞演出，不過音樂廳一樓的美麗咖啡廳也很值得喝上一杯！可以確定的是，過了幾年的倫敦生活後，這裡仍是連在地人都不見得去過的祕密景點（愈冷門愈想挖掘）。

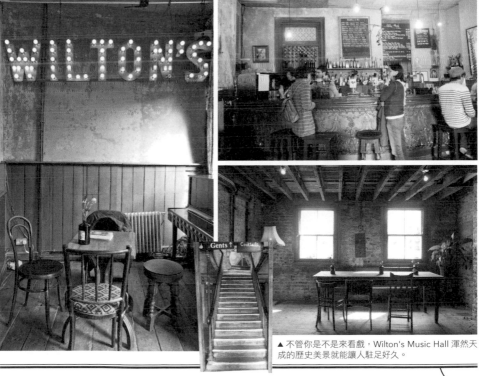

▲ 不管你是不是來看戲，Wilton's Music Hall 渾然天成的歷史美景就能讓人駐足好久。

Spot 6.

瓦坪散步 Wapping Walking

瓦坪是另一個我們推薦適合散步的河畔聚落，當初決定在此落腳，就是看上它與其他地方大不同的氣質。石磚地訴說著當地曾在航海時代興盛的古老歷史，不難想像過去碼頭區充滿商人的繁榮景象，二次大戰時瓦坪被德軍轟炸荒廢後，演變為輕工業區，之後才重建成我們愛的住宅區。新式公寓堆疊出的小巷，充滿濃濃的度假氛圍，眼尖的人應該會發現每棟公寓外牆上都有很像甲板的設計，正是當初區域重建時統一設計的特色。

既然靠河，瓦坪最值得一遊的還是與水有關，退潮時（記得先上網查潮汐時間），河岸步道會帶領人下探泰晤士河前灘，布滿青苔的古老階梯和防波牆面，訴說著沉積已久的岸邊故事，其中最令人意外的一段，是至今仍矗立在沙灘上的絞刑臺（Execution Dock），15世紀時，曾用來處決被判死刑的海盜超過四百年，據說當時有一位惡名昭彰的海盜基德（Pirate Kidd）就在這個絞刑臺上處死，浸泡瀝青後被掛在岸邊被潮汐浸泡示眾長達兩年。如今，大家仍可以在瓦坪古老英式酒吧 The Prospect of Whitby 的岸邊，看到當時絞刑臺

Cinnamon Coffee Shop

的複製品，聽來令人不寒而慄，不過我們卻深深佩服英國人以另類方式傳唱歷史的念舊，也讓我們有機會一窺大航海時期的倫敦。

除了岸邊精采，瓦坪還有間當地人很愛光顧的可愛咖啡廳 Cinnamon Coffee Shop（手工蛋糕很好吃），以及直通聖凱薩琳碼頭（St. Katharine Docks）的美麗運河，儘管我們曾經很喜愛的藝文空間 Wapping Project 已歇業，仍不減瓦坪魅力。

DATA | ☞ http://www.cinnamoncoffeeshop.co.uk/
⌂ 103 Wapping Ln, London E1W 2RW ⊙ 週一到週五 7am-6pm 週六到週日 8am-6pm

重現當年的絞刑臺（Execution Dock）

欣賞泰晤士河岸潮汐底下的祕密

DATA｜ 潮汐時間查詢：http://tides. willyweather.co.uk/se/greater-london/ river-thames----wapping.html

Spot 7.

品嚐道地義式美味 Il Bordello

瓦坪當地的餐廳不多，但有一間赫赫有名的義大利餐廳 Il Bordello，每到用餐時間總是高朋滿座。Il Bordello 走的是傳統的義式風格，置身店內彷彿來到義大利鄉下的道地餐館，沒有華麗裝潢，只有親切與質樸。我們實際造訪過 Il Bordello 幾次，每每都對它香氣四溢的龍蝦麵難以忘懷，來這一定要嚐嚐海鮮，炸魷魚、龍蝦麵、海鮮燉飯等濃郁又鮮美，大分量的多汁牛排也是店內招牌。裡頭的服務生都是上了年紀的義大利爺爺，就如同去義大利旅遊時會遇到的當地人一樣相當熱情親切，老話一句，記得要訂位，不然看得到吃不到可就傷心了。

口齒留香的龍蝦麵及海鮮燉飯 ▶

DATA｜ 🏠 81 Wapping High St, London E1W 2YN 🕐 週一到週五 12pm-3pm/6pm-11pm 週六 6pm-11pm 週日 1pm-10.30pm

Spot 8.

河邊古老酒吧夜景 The Prospect of Whitby

DATA | ⌂ 57 Wapping Wall, London E1W 3SH ⏲ 週一到週四 12-11pm 週五到週六 12pm-12am 週日 12-10:30pm

羅瑟希德有 Mayflower 五月花酒吧，正對面的瓦坪也有一間歷史感十足的英式酒吧 The Prospect of Whitby，有趣的是，兩間都號稱是「河岸最古老的酒吧」！雖然 16 世紀的詳細年分已不可考了，不過我們依然誠摯推薦大家，兩間都值得一遊，Mayflower 有五月花號停泊的故事，The Prospect of Whitby 則有處決海盜的駭人真實傳說，以及英國大文豪狄更斯（Charles Dickens）等多位名人顧客的加持。此外，撇開這些有趣的歷史故事不談，The Prospect of Whitby 內的空間也很有意思，裝潢充滿濃濃的航海時代氛圍，舊木桶和船桅統統鑲嵌在古老的木製結構中，有不少室內座位、陽臺和戶外花園都看得到美麗河景，供應的啤酒與料理也都在水準之上，是欣賞泰晤士河夜景的最佳選擇。

‖ AFTERWORD ‖

在旅行中尋找不為人知的祕境是一件很有成
就感的事。

除了做足功課，還需要加上一點運氣，
才能在天時地利人和的時候，找到最適
合自己當下狀態的異地角落。

而這次的祕境，不是什麼遙遠陌生的
城市，而是我們在倫敦的家。不管你
看完後覺得精不精采，其中走過的
每一步，都占了我們倫敦生活的一
大段歷史，很難忘也無可取代。

希望你有機會能體會，並在路上
找到屬於自己的祕境。

NONTWINS xx

格林威治水岸小鎮漫遊

Greenwich

花費時間：半日～一日　建議季節：春夏

很多人來到倫敦旅遊的必去清單，其中一項就是朝聖大名鼎鼎的本初子午線，格林威治標準時間所在地的天文臺，圓一個「左腳站在東半球、右腳踏上西半球」的小夢想，於是，格林威治小鎮一日遊自然變成觀光客的熱門選擇。話雖如此，別以為倫敦人就不常造訪此地，可能因為旅居生活的後半段都住在東南倫敦的關係，格林威治對我們來說從來就不是什麼太遙遠、需要認真規畫的行程，反倒成了想短暫逃離都市步調時的完美出走景點。

在好天氣的春夏季節裡，格林威治的代表色是晴天的湛藍、建築物一望無際的白，加上新芽的嫩綠，那是我們最喜歡造訪的時刻。熱愛晒太陽的倫敦人，在這種天氣最常從事的娛樂活動非野餐莫屬，格林威治大學（University of Greenwich）有美麗的皇家風格建築、草坪工整乾淨好似一片綠油油的軟草蓆（讓人想隨地躺下），以及倚著泰晤士河下游的絕佳地理位置是極熱門的完美野餐地，而且從超市或格林威治市集買完野餐必備的美酒美食，再步行到此不超過十分鐘的距離。細數種種優點，下次來別忘了拍完子午線，繼續跟著我們的腳步前進更多格林威治的可愛小角落。

關於如何抵達格林威治，我們有兩種推薦方式，一是從市中心的西敏寺碼頭（Westminster Pier）搭乘遊船（需購票，成人票價 12.5 鎊），約莫一個半小時便可抵達格林威治碼頭（Greenwich Pier），好處是能同時遊覽國會大廈、大笨鐘、倫敦眼、泰德美術館、聖保羅大教堂、塔橋……還有各式各樣位在河道兩旁的知名建築物，導覽員娓娓道來從泰晤士河上望去的有趣故事；另一種交通方式，則是搭 DLR 輕軌地鐵到卡提沙克站（Cutty Sark for Maritime Greenwich Station）。

你可以選擇去程搭遊船、回程改搭地鐵，或兩趟都搭遊船或地鐵，無論哪種，到達格林威治首先會看到的著名地標，就是英國歷史上占有相當重要地位的百年帆船卡提沙克號（Cutty Sark），坐落在靠近河邊的明顯位置，現在看到的已經是它被一場大火吞噬後重新修復的英挺模樣，我們每次來到這，總還是忍不住拿起相機拍拍它，好似養成了一種默契習慣。呼吸完彷彿是卡提沙克號帶來的海上清新空氣，再來就要逛逛格林威治名氣遠播小鎮外的市集，Greenwich Market 是不少古董迷愛來探險的寶地，連我們在倫敦認識的服裝設計師好友陳劭彥都私心大推。

除了市集本身，繞繞周邊大街，亦有幾家我們覺得不錯的商店值得逛一逛，而且轉個彎，以美麗校園出名的格林威治大學大門就在不遠處。你可以挑選任何一處喜愛的角落，攤開野餐墊席地而坐，享受一頓無價的露天盛宴，如果有閒情逸致，不妨慢慢散步，細細品味格林威治大學出了名的壯麗建築物（好幾部好萊塢電影都選擇此地取景）。另一棟也很推薦的美麗宅邸，是隔了條 Romney Road 的國家航海博物館（National Maritime Museum），記錄了英國航海史上數不清的厲害成就，不是航海迷的我們都不小心逛上癮。待了一整個白天，晚餐若還想在這裡解決，就來點輕鬆省錢的選擇吧。

Route 路線地圖

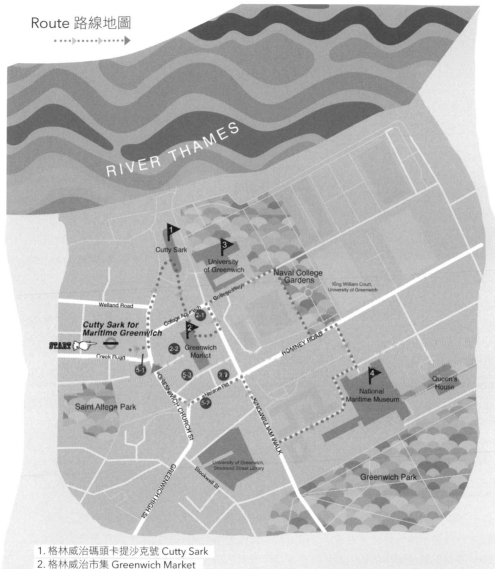

RIVER THAMES

Cutty Sark
University of Greenwich
Naval College Gardens
King William Court, University of Greenwich
Welland Road
Cottage Approach
College Way
Cutty Sark for Maritime Greenwich
START
Creek Road
Greenwich Market
ROMNEY ROAD
GREENWICH CHURCH ST
Nelson Rd
KING WILLIAM WALK
National Maritime Museum
Queen's House
Saint Alfege Park
GREENWICH HIGH ST
Stockwell St
University of Greenwich, Stockwell Street Library
Greenwich Park

1. 格林威治碼頭卡提沙克號 Cutty Sark
2. 格林威治市集 Greenwich Market
　1-1. 手繪插畫家飾店 Lush Designs
　1-2. 古董服飾天堂 360 Degrees Vintage
　1-3. 風格生活用品店 Oliver Bonas
3. 格林威治大學 University of Greenwich
4. 國家航海博物館 National Maritime Museum

晚餐 Dinner Time
　5-1. 大碗麵 TAI WON MEIN
　5-2. 名廚奧利佛的義大利菜 Jamie's Italian
　5-3. 市集裡的好吃英式酒吧 Coach and Horses

Spot 1.

格林威治碼頭卡提沙克號　Cutty Sark

DATA | ☞ http://www.rmg.co.uk/cutty-sark
🏠 King William Walk, London SE10 9HT ⏰
10am-5pm（夏季延長至 6pm）

必須誠實地說，我們並沒有真正進入過卡提沙克號，原因是它的外觀已經夠美了，是否真正花錢入內參觀也不是那麼重要，每次去無論以何種角度欣賞它在藍天下矗立的英姿，都很滿足，像是我們曾一夥朋友倚著河邊寫生，卡提沙克號是我們心目中除了子午線以外，格林威治的最佳代言人。爾後看了許多關於這艘船的背景介紹，才發現它的百年歷史就和外表一樣迷人，19 世紀身為速度最快的帆船，在當年帶著重要任務前往中國進行茶葉交易，退役後一直是格林威治的重要地標，可惜在 2007 年一場大火幾乎全毀。修復後，除了外觀重建當年的模樣，艙內設計好比一艘漂浮在空中的金色夢幻大船，光是看照片就相當震撼，也能走到上層欣賞風景，如果有預算和時間的人不妨好好駐足參觀。

Spot 2.

格林威治市集
Greenwich Market

DATA | ☞ http://www.greenwichmarketlondon.com/
🏠 Greenwich Market, London SE10 9HZ ⏰ 古董市集-
週一到週二、週四到週五 10am-5:30pm / 工藝設計市集-
週三、週五到週日及國定假日 10am-5:30pm

一週七天，全年無休，格林威治市集是倫敦古老市集中的佼佼者，能長存至今近三百年，原因之一就是地理位置佳，並建造了屋頂確保露天市集的衛生與安全，到今天雖然已換成鋼鐵支撐更堅固的玻璃屋頂，依然能想像當年古老的面貌。和倫敦許多市集一樣，這裡也是從菜市場開始，1985 年，才在肯頓小鎮市集人文創意蓬勃發展的影響下，開始轉變為藝術與工藝市集。其後，工匠和設計師陸續進駐市集周邊商店，讓格林威治市集愈來愈受到創意人士歡迎，每週四天的古董市集更是出了名的挖寶好去處，從藝術設計學生到知名設計師，都經常出沒此地尋找靈感。

1. 手繪插畫家飾店 Lush Designs

DATA | ☞ http://www.lushlampshades.co.uk/ ⌂ 8 College Approach, Greenwich, London, SE10 9HY ⏱ 週一到週五 11am-6pm 週六到週日 10am-6pm

由印花設計師 Marie Rodgers 和 Maria Livings 共同經營的 Lush Designs，將他們喜愛的繽紛色彩和逗趣角色運用在各式家具及家飾品上，成了極具療癒系原創風格。店內所有設計皆在他們的獨立工作室製作完成，其中我們最喜歡的是手繪插畫燈具系列，燈罩與燈座還能分開購買，任意搭配，讓人享受創意的樂趣。

▲ 可愛奇幻的角色風格是 Lush Designs 家飾的招牌設計。

2. 古董服飾天堂 360 Degrees Vintage

DATA | ☞ https://www.facebook.com/Lynn360vintage/ ⌂ 3/3a Greenwich Market, Greenwich, London SE10 9HZ ⏱ 週四到週日 12pm-6pm

和我們一樣喜愛復古風格的人不能錯過位在格林威治市集旁的 360 Degrees Vintage，販售橫跨 20 到 80 年代的精美古董服飾，也有不少軍裝系列。此外，這裡的小配件老物也很好逛，絲巾、領帶、領結、帽子等，走進店內彷彿就像一趟穿梭時光之旅。

©360 Degrees Vintage

3. 風格生活用品店 Oliver Bonas

DATA | ☞ https://www.oliverbonas.com/
🏠 3-4 Nelson Rd, London SE10 9JB ⏰ 週一
到週六 10am-6:30pm 週日 10am-6pm

Oliver Bonas 品牌起緣於創辦人 Olly 從旅行中帶回並送給朋友的有趣小物，後來 1993 年開了第一家店，專賣 Olly 設計的各式生活風格商品，包含時尚、飾品、家飾到禮品等，如今英國已經有 56 間分店，可見其受歡迎程度！設計風格簡約並融入許多創意細節，加上平易近人的價位，想要為日常生活增添創意質感又不想花大錢的話，Oliver Bonas 是剛剛好的入門品牌。

▲ Oliver Bonas 店內充斥各式好看的家居小物，送禮自用兩相宜！

Spot 3.

格林威治大學野餐
University of Greenwich

DATA | 🏠 Old Royal Naval College, 30 Park Row, London SE10 9LS

我們很喜歡格林威治大學的原因，在於它出了名的美麗歐風建築和綠地校園（要知道在倫敦能有這樣寬闊占地的大學真的很難得），電影《福爾摩斯》、《悲慘世界》、《雷神索爾2》、《神鬼奇航4》等都曾在此取景。來到這，經常可看見倫敦人隨性在草地上席地而坐野餐，甚至躺著打盹小憩。非常推薦大家有空來這野餐，置身其中，隨手拍照都好看到不行。

▲ 就算不是學生，也能入內參觀遼闊又美麗的格林威治大學校區！

Spot 4.

國家航海博物館　National Maritime Museum

DATA | ☞ http://www.rmg.co.uk/national-maritime-museum 🏠 Park Row, Greenwich, London SE10 9NF
🕐 週一到週日 10am-5pm

另一棟位在格林威治的壯麗建築，是收藏了英國過去海軍輝煌紀錄的國家航海博物館，大門口有經典地標大船錨，一樓展示區也有許多航海時代的船隻模型，上頭有許多當年的皇家徽章樣式，相當有趣，就連不是航海迷的我們也樂在其中。若參觀完還有時間，可以去旁邊的皇后宅邸（Queen's House）走走，兩間都是免費參觀。

▲ 許多象徵英國皇室的好看徽章和雕像，是博物館內的一大看點！

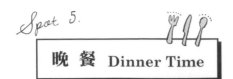

晚餐 Dinner Time

1.

大碗麵 TAI WON MEIN

DATA | 🏠 Greenwich Cutty Sark, 39-41 Church Street, Greenwich, London SE10 9BL 🕐 週一到週日 11:30am-11pm

如同店名，一大碗熱呼呼的平價湯麵，簡直是窮臺灣留學生在異地生活的一大慰藉！第一次來倫敦遊學時，就被熟門熟路的導遊帶來吃大碗麵，味道不錯，而且便宜又大碗，如果冬天來到格林威治，吹完冷冽刺骨的寒風後，吃一碗大碗麵實在大滿足！

2.

名廚奧利佛的義大利菜 Jamie's Italian

喜歡烹飪的人應該都對英國名廚傑米奧利佛 Jamie Oliver 不陌生，奧利佛的義大利餐廳在倫敦各地都能見到，甚至紅到來臺北開店，所以格林威治也不例外。不過得誠實地說，我們蒐集很多吃過朋友的評價，其實大部分人認為沒有想像中驚豔（當然還是有一定水準）。儘管如此，若你和我們一樣是奧利佛的粉絲，朝聖是一定要的，更何況吃得到新鮮食材，餐廳裝潢也很用心。

DATA | 👉 https://www.jamieoliver.com/italian/restaurants/greenwich/ 🏠 17-19 Nelson Rd, London SE10 9JB 🕐 週一到週四 12pm-10pm 週五到週六 12pm-11pm 週日 12pm-9pm

3. 市集裡的好吃英式酒吧 Coach and Horses

DATA | ☞ http://the-coach-and-horses.
co.uk/ 🏠 Greenwich Market, London
SE10 9HZ ⏰ 週一到週六 10am-11pm
週日 10am-10:30pm

◀ ▼ 英式料理中的經典：炸魚薯條
及薯泥香腸！

英式酒吧 Coach and Horses 位
在格林威治市集中，同樣歷史悠
久，供應的經典英式料理道地好
吃，像是炸魚薯條、香腸與薯泥
和排餐類等都很不錯。

© 蘇瀅鋒

‖ AFTERWORD ‖

相較其他條路線，格林威治這個不遠的小鎮，生來就是一個讓人放鬆的好地方！來到
此地，如果你預留了一整天，絕對有充裕的時間好好走走看看，感受倫敦市區以外的
悠閒氛圍。要欣賞泰晤士河美景，這裡是其中一個不能錯過的好角度！

NONTWINS xx

WEST
LONDON
西倫敦

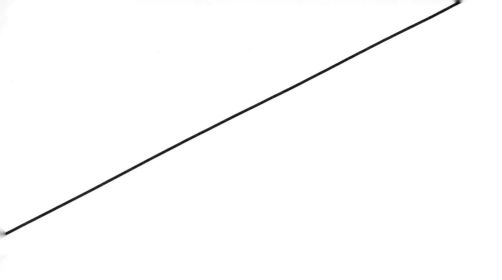

☞ ROUTE 11. 皇家頂級藝文饗宴

黛安娜王妃生前居住的肯辛頓，以及總是和「上流社會」印象畫上等號的雀兒喜，在這裡除了可以深入英倫不容錯過的重要文化指標，如自然歷史博物館和維多利亞與亞伯特博物館等，還不用和觀光客人擠人，能細細品味慢活情調。

☞ ROUTE 12. 喧鬧市集旁的精緻小店巡禮

來到經典電影《新娘百分百》的知名取景地：諾丁丘，一定要去男主角休葛蘭開的旅遊書店拍張照才算到此一遊！不僅如此，這裡還有許多倫敦舊戲院、古董市集，以及時尚、家居、咖啡廳、書店、餐廳、博物館等巷弄小店，永遠逛不膩。

皇家頂級藝文饗宴

Chelsea

Kensington

不管到哪裡旅行，觀察一個區域出沒的人物、街道、建築、以及當地商店的風格種類，多少能對此地有個基本的認識和想像。像是接下來要帶大家去的這條路線，光是置身其中就能感受那與眾不同的奢華富麗，這裡是傳說中倫敦房地產最貴的地方，黛安娜王妃生前居住的肯辛頓（Kensington），以及總是和「上流社會」印象畫上等號的雀兒喜（Chelsea）。

我們對於肯辛頓這一帶的初始印象，是由幾個倫敦最厲害的藝文景點建構而成的。在臺北，也許很多人一年去不到一次故宮，但在倫敦，像自然歷史博物館（Natural History Museum）和維多利亞與亞伯特博物館（Victoria & Albert Museum，簡稱 V&A）這種國寶級的地方，一年到頭勢必要去上好幾回。另外，科學博物館（Science Museum）、知名設計學府皇家藝術學院（Royal Academy of Arts，簡稱 RCA）和圓頂外形的皇家亞伯特音樂廳（Royal Albert Hall），都是除了大英博物館（British Museum）外不容錯過的重要文化指標。

相鄰的雀兒喜是倫敦赫赫有名的富人區，也有藝文人士很愛光顧的當代藝術大宅：薩奇美術館（Saatchi Gallery），富麗堂皇的外觀，免入場費的親民，無論是藝術愛好者或門外漢都能輕鬆享受藝術的美好。晴天時來到雀兒喜散步，光是置身在外牆刷得白亮的豪宅區，欣賞院子裡彷彿永不凋零的繽紛花木，就已經夠讓人享受，大街上還有一家接一家的精品服飾店，低調且極有質感的櫥窗，在陽光照射下閃閃發亮，來這逛街不必和觀光客人擠人，反倒能細細品味另一種優雅慢活情調。

皇家頂級藝文饗宴

143

雀兒喜往肯辛頓路上的美麗街景

10:50　START
11:00　❶　斯隆廣場地鐵站　Sloane Square Station
11:00　❶　倫敦最優美的免費美術館　Saatchi Gallery
12:15　❷　西倫敦時髦富人區散步　Chelsea
14:15　❸　肯辛頓極上藝文饗宴　Art, Culture and Museum
16:30　❹　皇家肯辛頓花園散步　Kensington Garden
18:30　❺　晚餐　Dinner Time
20:00　END　南肯辛頓地鐵站或昆士威地鐵站　South Kensington Station or Queensway Station

為了飽覽西倫敦最具代表性的富裕印象，斯隆廣場地鐵站是不錯的起點。距離地鐵站不遠處，就是雀兒喜區域集中的商業區和美麗的薩奇美術館，我們喜歡看展前先在旁邊的商店隨性逛逛，喝杯咖啡，接著花上一兩個鐘頭，好好品味館內的當代藝術饗宴，從外頭的大片綠意草原、到建築物內高挑的明亮展間，豐富的館藏以及主題性的特別展覽，讓人不敢置信這是間能免費參觀的私人美術館。

看完展繼續沿著 Sloane Ave 前往肯辛頓，途中會遇見幾間好逛的質感商店和精品店，儘管不像 Sloane Street 都是精品大牌林立的奢華，也別有一番滋味，像是風格家居百貨 The Cornan Shop、北歐當紅設計師品牌 Acne Studio 等，連香奈兒在這的分店都有著不同氣質簡約優雅。到了肯辛頓，和雀兒喜的低調安靜又是截然不同的氣息，從各地前來朝聖的觀光客與當地人在此交會，所以假日走在肯辛頓大街上總是很熱鬧，倫敦三大博物館彼此相連，除了館藏豐富、展覽精彩之外，每個月還會有一天晚上延後閉館時間，舉辦盛大又有趣的藝文派對，如果時間搭得上，真心推薦大家一定要體驗看看。

接著往肯辛頓花園的方向前進，會經過皇家亞伯特音樂廳以及皇家藝術學院，都是倫敦相當重要的文化場域，前者是每年最大的古典音樂盛會 BBC Proms 的舉辦地點，後者則孕育了無數設計藝術新銳人才。正對著皇家藝術學院，金碧輝煌的亞伯特王子紀念碑（The Albert Memorial）映入眼簾，也由此正式進入肯辛頓花園。這裡因黛安娜王妃生前居住的肯辛頓宮得名，偌大的園內有許多美麗的皇室風格景點可逛。行程接近尾聲，推薦大家可至花園另一頭的知名中餐廳享用晚餐，或返回南肯辛頓地鐵站附近品嚐幾間異國美食餐廳，為一天畫下美好句點。

Route 路線地圖

1. 倫敦最優美的免費美術館 Saatchi Gallery
西倫敦時髦富人散步區 Chelsea
2-1. 知名風格家居百貨 The Conran Shop
肯辛頓極上藝文饗宴
3-1. 維多利亞與亞伯特博物館 Victoria & Albert Museum
3-2. 自然歷史博物館 Natural History Museum
3-3. 科學博物館 Science Museum
3-4. 皇家亞伯特音樂廳 Royal Albert Hall
3-5. 皇家藝術學院 Royal College of Arts
4. 皇家肯辛頓花園 Kensington Gardens
4-1. 肯辛頓宮 Kensington Galleries

4-2. 下午茶餐廳橘園 Orangery
4-3. 蛇形畫廊 - Serpentine Gallery
4-4. 蛇形畫廊 - Serpentine Sacker Gallery
晚餐 Dinner Time
5-1. 喜相逢海鮮酒家 Mandarin Kitchen Seafood Restaurant
5-2. 設計風格黎巴嫩餐廳 Comptoir Libanais
5-3. 知名法式可麗餅店 The Kensington Creperie

Spot 1.

倫敦最優美的免費美術館 Saatchi Gallery

DATA | ☞ https://www.saatchigallery.com/ 🏠 Duke of York's HQ, King's Rd, London SW3 4RY ⏰ 週一到週日 10am-6pm

別以為倫敦物價高昂，來旅遊就一定得花大錢，事實上，倫敦有數不清的免費景點，不但不用花上一毛錢，還能讓你收穫滿滿回家。薩奇美術館是倫敦免費景點中的佼佼者，非常適合靜謐悠閒的午後，一個人在偌大美術館空間中享受藝術的美妙時光。這裡的當代藝術新穎又超乎人想像，統統來自創辦人（也是英國藝術史上爭議性十足的知名藏家）Charles Saatchi 的收藏。特別推薦大家逛完展覽後造訪館內附設的書店，非常好逛！既然已經省下入場費，不如就帶點藝術紀念品回家吧！

All ©Saatchi Gallery

Spot 2.

西倫敦時髦富人區散步　Chelsea

在雀兒喜大街上散步，和市中心其他購物區走起來的感覺很不同，也許是路上少了觀光客，不時還會看到當地時髦貴太太出沒的緣故，Charlotte Olympia、Acne Studios、香奈兒、Carven 等不少精品時尚品牌都在此設店。

知名風格家居百貨 **The Conran Shop**

DATA | 🖰 https://www.conranshop.co.uk/ 🏠 Michelin House, 81 Fulham Rd, London SW3 6RD ⏰ 週一到週二、週五 10am-6pm 週三到週四 10am-7pm 週六 10am-18:30pm 週日 12pm-6pm

The Conran Shop 是我們很愛逛的知名風格家居百貨，不過進去前得先做好心理準備：如果你是購物狂，不花上一兩個小時很難出得來。店內提供品質與品味保證的居家選貨，從家具、燈飾、廚具到家居小物、禮品文具等，均來自世界各地的當紅設計大師或潛力新銳創作者。此外，這間旗艦店所在的建築物 Michelin House 還大有來頭，過去曾是米其林輪胎在英國的首間總部，外牆的 Art Deco 裝飾藝術拼貼設計相當可愛。一樓也有間以米其林經典人物 Monsieur Bibendum（The Michelin Man）命名的餐廳 Bibendum Restaurant，有時間不妨在此享用中餐或下午茶。

▲ 建築外觀上有復古的米其林字樣

肯辛頓極上藝文饗宴
Art, Culture and Museum

來到肯辛頓，看展是必要行程！無論你喜愛歷史、文化、時尚、科學還是皇家風格，這場不用花大錢的極上藝文饗宴，不容錯過。

1. 維多利亞與亞伯特博物館
Victoria & Albert Museum

DATA | ⟶ https://www.vam.ac.uk/ ⌂ Cromwell Rd, London SW7 2RL ⏰ 週一到週四、週六到週日 10am-17:45pm 週五 10am-10pm（免費入場）

細數我們在倫敦最喜歡的博物館，V&A 一定榜上有名。除了迷人的歷史文物外，還有時尚迷不能錯過的時尚館，令人歎為觀止的美麗咖啡廳、綠意盎然的中庭花園，在在叫人流連忘返。V&A 每年舉辦的大型特展都讓人屏息期待，像是已故的傳奇音樂人物大衛鮑伊、鬼才時尚設計師亞歷山大麥昆的回顧展等，從世界級的策展品質、展品豐富度到動線規畫等，一切都太值回票價。

同場加映：
V&A Friday Late

每個月最後一個週五夜晚（9、12 月除外），V&A 會舉辦 Friday Late 藝文派對，除了能在夜間看展，同時舉辦各式主題活動，包括現場表演、電影放映、講座、DJ 演出等，原本的售票處搖身一變為酒吧，大廳則化身舞池，相當有趣。

DATA | ⟶ https://www.vam.ac.uk/info/friday-late

▼ 中庭四周夏天盛開的繡球花。

▲ V&A 的中庭水池總是坐滿愜意談天的人們。

2. 自然歷史博物館 Natural History Museum

DATA | ☞ http://www.nhm.ac.uk/ 🏠 Cromwell Rd, London SW7 5BD ⏱ 週一到週日 10am-5.50pm（免費入場）

位在 V&A 旁，那棟方方正正、充滿歐式古典風格的美麗建築，就是大名鼎鼎的自然歷史博物館！館內最受歡迎的包括一進門的大型雷龍化石，恐龍和鯨魚展區，儘管每次去都人很多，還是很值得一逛，在趣味中吸收新知，紀念品店也很好買。冬天時博物館外的廣場會改建成溜冰場，如果正好冷颼颼的季節來，一定要來體驗一下傍晚華燈初上的浪漫氛圍。

同場加映：

NHMLates

和 V&A Late 同一時間，自然歷史博物館每個月最後一個週五夜晚舉辦 NHMLates，通常我們都會先逛完 V&A，再續攤去隔壁瞧瞧。若喜歡電影《博物館驚魂夜》的人，來這個活動會特別有感覺，晚上昏黃的燈光加上各種動物化石，喝點小酒微醺看展，氣氛極好。

DATA | ☞ http://www.nhm.ac.uk/visit/exhibitions/lates.html

3. 科學博物館 Science Museum

DATA | ☞ http://www.nhm.ac.uk/ 🏠 Exhibition Road, South Kensington, London, SW7 2DD ⏱ 週一到週日 10am-7pm（免費入場）

逛完自然歷史博物館，再往前走一點點就是科學博物館了，這裡不僅經常舉辦科學相關的好看特展，也很常與設計師合作舉辦有趣活動，有空的話很推薦一併參觀。

同場加映：
Wednesday Lates

每個月的最後一個禮拜三，是科學博物館舉辦 Lates 的時間，每個月會有不同主題活動，像是曾舉辦過與數位時代相關的「生存在數據中（Our Lives in Data）」，專家會告訴你如何避免臉部辨識科技？數據聞起來像什麼？你的手機會怎麼形容你？等有趣議題，要特別注意的是年滿十八歲才能參加。

DATA | ☞ http://www.sciencemuseum.org.uk/visitmuseum/plan_your_visit/lates

All © Jody Kingzett, Science Museum

4. 皇家亞伯特音樂廳 Royal Albert Hall

歷史悠久的皇家亞伯特音樂廳，美麗古典的圓頂造形讓人過目難忘，自1871年開幕至今，所有世界頂尖的藝術家都會在此表演，每年舉辦上百場演出，包括古典音樂、搖滾樂、流行音樂，表演藝術和歌劇等，是倫敦最重要的表演場地之一。

DATA | ☞ http://www.royalalberthall.com/ ⌂ Kensington Gore, London SW7 2AP

同場加映：
BBC Proms

夏季逍遙音樂節（BBC Proms）是全球最大的古典音樂節，每年夏天（7月中開始）在皇家亞伯特音樂廳舉辦為期兩個月的表演。最著名的節目《Last Night》，會演奏許多知名的英國愛國歌曲，門票總是一推出就銷售一空。

DATA |
☞ http://www.bbc.co.uk/proms

5.
皇家藝術學院
Royal College of Arts

簡稱 RCA，創立於1837年，是倫敦著名的設計與藝術學府，包括純藝術、設計、傳播等科系，僅提供碩士以上學位。每年夏季前都會舉辦精采的畢業秀，並且對外開放參觀，Dyson 創辦人 James Dyson、知名工業設計師 Jasper Morrison 等人都是傑出校友。

DATA | ☞ hhttp://www.rca.ac.uk/ ⌂ Kensington Gore, London SW7 2EU

Spot 4.

皇家肯辛頓花園散步　Kensington Gardens

© Serpentine Gallery Photo by John Offenbach

肯辛頓花園是英國倫敦的著名皇室園林之一，原本規畫為肯辛頓宮（Kensington Galleries）的御花園，與海德公園相連，展現精緻的皇家貴族氣息。因為黛安娜王妃生前曾居住在肯辛頓宮內，讓肯辛頓花園更加聲名大噪，園內有不少知名景點都值得一遊，像是肯辛頓宮、知名下午茶餐廳橘園（Orangery）等，就連英國經典品牌 Burberry 也將每年的春夏、秋冬大秀選在此地舉辦，就可知它的重要性。

蛇形畫廊 Serpentine Galleries

©Serpentine Pavilion 2014 Photo by Iwan

位在肯辛頓花園中央，蛇形畫廊分成 Serpentine Gallery 和 Serpentine Sacker Gallery（著名英國女建築師 Zaha Hadid 設計）兩部分，提供免費卻高質量的國際級藝術展覽。

DATA | ☞ http://www.serpentinegalleries.org/ ⌂ Kensington Gardens, London, W2 3XA ⏰ 週二到週日 10am-6pm （免費入場）

同場加映：

夏季建築計畫 Serpentine Pavilion

每年夏天我們最期待的倫敦藝文盛事之一就是蛇形畫廊的特別建築計畫 Serpentine Pavilion，邀請全球知名建築師和設計師，一同在公園內打造一座期間限定的夢幻建築，過去曾參與過的大師有伊東豐雄、艾未未、已故的建築女爵士 Zaha Hadid 等，有的像降落在地球的金屬太空船，有的如巨型熱氣球或燈泡延伸的前衛空間，不僅創造一個又一個有趣玩味的建築企畫，也在民眾與作品互動的過程中，讓藝術更親近每個人的生活。

晚餐 Dinner Time

1. 喜相逢海鮮酒家 Mandarin Kitchen Seafood Restaurant

DATA | ⌂ 14-16 Queensway, W2 3RX, London

▲ 分量澎湃的龍蝦麵

位在肯辛頓花園另一頭的女王道（Queensway）地鐵站旁，有間倫敦當地華人相當喜愛的中餐廳喜相逢，龍蝦麵是店內最受歡迎的一道菜，連知名臺灣女星許瑋甯來倫敦工作都特地來嚐鮮，想吃中國菜不妨試試。

2. 異國設計風黎巴嫩餐廳 Comptoir Libanais

DATA | ☞ http://www.comptoirlibanais.com/menu/kingston/main/ ⌂ 1-5 Exhibition Rd, London SW7 2HE ⏲ 週一到週六 8:30am-12am 週日 8:30am-10:30pm

色調繽紛、裝潢頗具設計感的 Comptoir Libanais 賣的是我們過去從沒吃過的黎巴嫩和中東料理，在倫敦市中心有幾間連鎖店都滿受歡迎。中東口味融合不少特殊香料，食材新鮮健康，推薦大家有機會可以嘗試看看，店內也可買到料理食材、薄荷茶、食器等。

3. 知名法式可麗餅店 The Kensington Creperie

DATA | ☞ http://kensingtoncreperie.com/ ⌂ 2-6 Exhibition Road, South Kensington, London SW7 2HF ⏲ 10am-11:30pm

The Kensington Creperie 已在肯辛頓區開店 15 年，每次從地鐵站出來經過都是高朋滿座的景象，相當受歡迎。店內提供新鮮現做的多種口味甜鹹可麗餅，無論外帶點心、下午茶或晚餐都是熱門選項。

‖ AFTERWORD ‖

儘管我們較偏好東倫敦的前衛不羈，西倫敦一直給人的經典奢華形象，
仍優雅獨川人憧憬，值得旅人細細品味認識。

穿梭在一棟棟讓人目不轉睛的美麗建築物中，近距離欣賞免費無價的藝
術，是我們心中高貴又不貴的美好行程，體驗無價。

NONTWINS ×X

喧鬧市集旁的精緻小店巡禮

12
Route

Notting Hill Gate

Portobello

花費時間：半日～一日　建議季節：四季

自從我們住到東倫敦之後，幾乎愈來愈少到西邊逛市集，每個週末最常往花市和紅磚巷跑，離家近又逛不膩。儘管我們已經染上倫敦人假日就要放慢步調的壞習慣，對於千里迢迢準備來倫敦玩的大家來說，西倫敦的波特貝羅市集（Portobello Market）絕對是必去必逛必朝聖的重頭戲！身為全歐洲最大的古董市集，我們偶爾也會為了它不惜特地起個大早、跳上反方向地鐵、和全世界的觀光客人擠人走上幾小時，還樂此不疲。

波特貝羅不僅是那條狹長形、像是夜市般的街道引人入勝，所在區域的諾丁丘（Notting Hill）更是經典電影《新娘百分百》的知名取景地，逛波特貝羅之餘，一定要去跟男主角休葛蘭開的旅遊書店（The Travel Bookshop）取材地 The Notting Hill Bookshop 拍張照，才算到此一遊！此外，諾丁丘區域中有趣的還不只這些，來到這，你會發現許多倫敦舊戲院的復古身影佇立街角，以及古董市集分布的主要街道旁，有更多巷弄驚奇小店，時尚、家居、咖啡廳、書店、餐廳、博物館等隱隱發光，連傳統英式酒吧都能改造成驚奇桃花源，在那裡等著旅人去挖掘新鮮好玩的創意靈感。

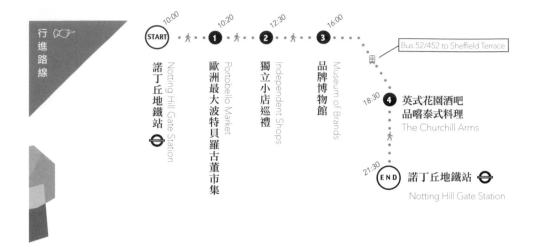

行進路線

10:00 START

10:20 ①
Notting Hill Gate Station
諾丁丘地鐵站

Portobello Market
歐洲最大波特貝羅古董市集

12:30 ②
Independent Shops
獨立小店巡禮

16:00 ③
Museum of Brands
品牌博物館

Bus 52/452 to Sheffield Terrace

18:30 ④ 英式花園酒吧
品嚐泰式料理
The Churchill Arms

21:30 END 諾丁丘地鐵站
Notting Hill Gate Station

從諾丁丘地鐵站出發，在出站票口便會看到前往波特貝羅市集的指標，若還是怕走丟，跟著人潮準沒錯！從地鐵站出來的大路轉進 Pembridge Road，順著走左手邊的 Portobello Road 就是市集起點，此時應該已經能感受到人潮的威力，假日更是熱鬧非凡。不管你是為了古董淘寶而來，還是想和市集路上相連的彩色英式房子合影留念，又或者純粹來感受倫敦最大的街頭市集魅力，全長將近一公里的路程，有超過上千個攤販與店家，想在一天之內統統逛完幾乎是不可能的任務。

於是，我們要推薦大家更在地的玩法，市集可以走馬看花隨性逛，但旁邊的小巷子請要仔細瞧瞧。比方說與 Portobello Road 垂直的 Blenheim Crescent，有知名的食譜專賣書店 Books for Cooks、家飾餐具店 Ceramica Blue、The Notting Hill Bookshop 等，另一條 Kensington Park Road 則集結設計師服飾店、知名獨立書店 Lutyens & Rubinstein、時尚肉鋪等。若正好週六前往，在接近市集尾端處，有我們愛逛的大型露天古董市集，古著衣、飾品、配件一應俱全，價位合理，買多也可嘗試殺價。

逛完街，附近的品牌博物館（Brand Museum），是我們很常帶朋友玩倫敦的私房景點之一，雖不是赫赫有名的一線藝文景點，但如果你喜歡好玩小物和包裝設計，一定會對裡頭的收藏愛不釋手。晚餐時刻，諾丁丘一帶充滿了各式餐廳選擇，多到讓人來不及研究，其中一家我們誠心推薦的是號稱「倫敦最美的英式酒吧」，裡外都被花團錦簇包圍，還有供應平價又好吃的泰式料理，因為太有特色曾被臺灣的新聞專題報導，你怎麼能錯過呢？

喧鬧市集旁的精緻小店巡禮

1. 波特貝羅古董市集 Portobello Market
　1-1. 週六古董跳蚤市集
　1-2. 蜂鳥杯子蛋糕 Hummingbird Bakery
獨立小店 Independent Shop
　2-1. 早午餐小店 Goode & Wright
　2-2. 美食烹飪書店 Book for Cooks
　2-3. 書店 The Notting Hill Bookshop
　2-4. 英倫時髦肉鋪 PROVENANCE
　2-5. 風格選品店 PEDLARS
　2-6. 特色古董家具街 Golborne Road
3. 品牌博物館 Museum of Brands
4. 英式酒吧泰式料理 The Churchill Arms

Spot 1.

歐洲最大波特貝羅古董市集
Portobello Market

DATA | ⌂ Portobello Rd, London ◷ 週一到週三 9am-6pm 週四 9am-1pm 週五到週六 9am-7pm

回想多年前第一次到倫敦旅遊，初次朝聖波特貝羅市集的心情，到往後定居倫敦後的每一次造訪，名氣為市集帶來大量觀光人潮，讓過去的個性元素少了些酷勁，但總不減它之於這城市的重要性，就像倫敦多元面向的縮影，時空變遷不斷進化，許多繼續長存的老東西更顯得珍貴可愛（像是爺爺奶奶等級的攤主們）。

新與舊的交會是波特貝羅市集中最有趣的化學變化，但由於遊客多，這裡販賣的古董比起其他市集貴上許多，除非是行家，否則不建議在此花大錢。不過如果只是想帶點小東西回家做紀念，還是有各式特色商品值得下手，像是銀器、老物、黑膠唱片等，應有盡有。在熱鬧的週末來到此，能看到最豐富、五花八門的人文景象，但若不喜歡人擠人，建議可挑選週一到週四的非尖峰時刻，更有閒情逸致好好挖寶。

1. 週六古董跳蚤市集

DATA | 🏠 281 Portobello Rd, London W10 5TZ 🕐 週六

每個禮拜六是我們最喜歡來到波特貝羅挖寶的時刻，因為位在市集尾端，有一間較少人知道的設計師百貨 Portobello Green Designers（裡面有間奶奶開的厲害古董服飾店），旁邊的空地會舉辦一週一次的古董跳蚤市集，販賣價格平實的古著服飾、配件等，特別推薦款式眾多的古著印花襯衫。再往前走，街道上充滿卡車載來的便宜老物，其中有一攤黑人老闆賣的古董飾品，我們每去必人肉搜刮，由於都是古董，基本上找不到第二件一樣的款式，絕無僅有（往後總是一再被朋友們稱讚加羨慕）。

2. 夢幻蜂鳥杯子蛋糕
Hummingbird Bakery

DATA | 🔗 https://hummingbirdbakery.com/ 🏠 133 Portobello Rd, London W11 2DY 🕐 週一到週五 10am-6pm 週六 9am-6:30pm 週日 11am-5pm

不管你喜不喜歡甜食，來到這，很難不臣服在夢幻杯子蛋糕的魅力之下。倫敦知名的蜂鳥蛋糕店 Hummingbird Bakery，本店就位在 Portobello Road 上，可愛夢幻的風格深受女性顧客喜愛，除了一般尺寸的杯子蛋糕外，也有迷你版可選擇，相當適合不愛吃甜食的人，經典的紅絲絨（Red Velvet）口味好吃極了！也有深受少女喜歡的彩虹蛋糕。

Spot 2.

獨立小店巡禮 Independent Shops

不熟悉的人來到波特貝羅市集,總是被市集中的喧囂耗去大半注意力,想不到市集旁的小巷弄中,才是在地人出沒的好店所在。

1.

美好早午餐小店 Goode & Wright

DATA | ☞ http://www.goodeandwright.co.uk/restaurant/
🏠 271 Portobello Rd, London W11 1LR ⏰ 週一到週五
8am-10pm 週六 9am-10pm 週日 10am-5pm

靠近週六古董市集的 Goode & Wright,是探險尋寶前先填飽肚子的好選擇,供應各式美味早午餐,價位適中,食物擺盤看上去樣樣講究,除了早午餐也供應加入主廚創意的英國菜。小小一間店座位不多,每次去店內總是不乏有型的年輕男女,記得事先訂位,不然只好碰碰運氣囉!

▲ 經典英式風味蛋捲

英國人最愛的焦脆培根 ▶

2. 最好吃的美食烹飪書店 Book for Cooks

DATA | ☞ https://www.booksforcooks.com/ 🏠 4 Blenheim
Cres, London W11 1NN ⏰ 週二到週六 10am-6pm

以販賣烹飪書籍為主的 Book for Cooks 早就被列為世界知名的獨立書店,收藏超過八千本料理相關藏書,絕對是美食愛好者的天堂。之前讀到知名美食家韓良露的著作《狗日子,貓時間》中,就提到她是 Book for Cooks 的老顧客,經常參加店內舉辦的烹飪教室與工作坊,下次去倫敦一定要去嘗試一下!

3.《新娘百分百》取材書店 The Notting Hill Bookshop

DATA | ☞ http://www.thenottinghillbookshop.co.uk/ 🏠 13 Blenheim Cres, London W11 2EE ⏰ 週一到週六 9am-7pm 週日 10am-6pm

很多人都知道《新娘百分百》源自諾丁丘區域，但其實電影中休葛蘭開的 The Travel Bookshop 在 Portobello Road 上的原址場景早已不復見，現在只能看到一家招牌上留下 The Travel Bookshop 字樣的紀念品店 Notting Hill，讓旅客前往朝聖。當時電影拍攝的書店原型，其實是源自另一間位在附近的旅遊書店，因為後來不只販賣旅遊書而改名為 The Notting Hill Bookshop，儘管已經是將近 20 年前的電影，至今還是有許多影迷會特地到書店前拍張照留念。

英倫時髦肉鋪 PROVENANCE

旅行跟肉鋪有什麼關係？可如果這間肉鋪本身相當具有英倫削烹特色，應該也滿值得去參觀一下吧？住倫敦後我們才發現，這裡的肉鋪跟過去對菜市場中的肉販印象大不同，連櫥窗陳列也相當具有藝術感，店內乾淨舒適是基本，甚至充滿店家的經營巧思，像是這間 PROVENANCE，我們就是被它好看的外觀給吸引，忍不住進門一探究竟。不同種類的新鮮肉品在整齊擺設中顯得高貴又健康，綁著丸子頭和留大鬍子的英倫型男正細心處理手中的肉，在我們詢問是否能拍照後，還親切邀請我們上前體驗，觀察專業刀法就像是一門好玩的見習課，原來 PROVENANCE 還真的有提供專業切肉課程呢！

DATA | ☞ http://www.provenancebutcher.com/ 🏠 33 Kensington Park Rd, London, W11 2EU ⏰ 週一到週六 8am-7pm 週日 10am-4pm

5。 令人愛不釋手的趣味風格選品店 PEDLARS

當我們在波特貝羅走走逛逛一天之後，想找間咖啡廳坐下歇息一會，沒想到一踏進 PEDLARS，反而像是開啟了另一場瘋狂購物之旅，咖啡也沒法好好坐下喝，就忙著拿起相機記錄店內賣的各式新奇珍寶。PEDLARS 本店在北威爾斯（North Wales），諾丁丘的這間是咖啡廳兼選貨店，所以現場所販賣的家飾、文具、禮品、和古董小物都是經過精挑細選，每一件厲害的收藏背後，都有說不完的好玩故事，逛店就像是逛博物館一樣有趣。除了很推薦大家去那邊喝咖啡邊找靈感，PEDLARS 的官網還開闢最新古董專區，每週三和五有來自各古董賣家的新貨聚集在此，也提供海外運送（寄來臺灣運費 50 鎊起跳），如果你是古董愛好者不妨訂閱官網的電子報，每週都會收到新貨上架訊息。

DATA | ☞ https://www.pedlars.co.uk/ ⌂ 129 Talbot Road, Notting Hill, London W11 1JA ⏰ 週一到週六 8am-6pm 週日 10am-5pm

6。
特色古董家具街 Golborne Road

DATA | ⌂ Golborne Rd, London W10 5NL

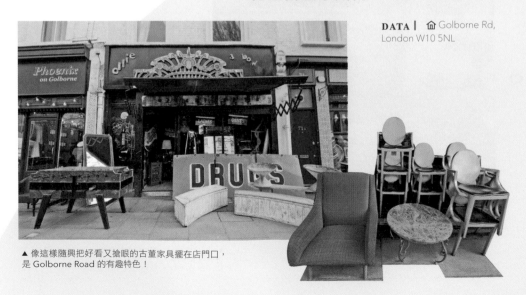

▲ 像這樣隨興把好看又搶眼的古董家具擺在店門口，是 Golborne Road 的有趣特色！

▲ PEDLARS 店內走到底就是附設的咖啡廳空間，像我們一樣邊逛邊喝咖啡是不錯的選擇！

▼ 許多特色文具小物都讓人愛不釋手！

▲ 可自行印燙的可愛徽章

▲ 朋友來家裡聚會端出這美麗的紙盤子招待也太有面子！

如果有體力繼續沿著 Portobello Road 走到靠近尾端，會發現垂直的 Golborne Road 上有更多酷又好玩的家具店，在店門口擺著厲害又非常好看的大型家具，一家接著一家，像是賣很多園藝器具的 BAZAR、古董家具店 Phoenix on Golborne，和蒐集許多創意古董家具的 Ollie & Bow 等，讓人忍不住想統統搬回家（只可惜能帶走的通常是花盆、家飾品等手作小物）。另外，這條路上也有不錯的質感咖啡廳 KIPFERL 和服飾禮品店等。

◀ 除了家具，也有不少園藝用具、家飾小物等適合買回家陳列運用。

Spot 3.

品牌博物館　Museum of Brands

如今大家所看到的品牌博物館，已經是搬遷過後重新改裝的全新樣貌。儘管我們曾逛過幾次舊館，初次來到全新的空間，還是有許多不一樣的好玩發現。館內展出的上萬件古董收藏，都來自創辦人 Robert Opie 多年來的興趣與嗜好，包括 1890 年代的化妝品、一次世界大戰的知名罐頭食品、各個年代的玩具、甚至英國皇室相關收藏品等。我們特別喜歡的是館內以時空走廊的動線，帶你穿越從古至今，逛著逛著你會不禁佩服起 Robert 對物件的執著與熱情，讓我們今天得以從這些民生商品的演變中，窺探歷史的變遷發展。雖然這些古董都是過去的民生消費品，有些如今看來還是好看到讓人超想擁有，像是一整櫃的復古收音機、復古電視等。

DATA | ☞ http://www.museumofbrands.com/ 🏠 111-117 Lancaster Rd, London W11 1QT ⏰ 週二到週六 10am-5:30pm 週日 11am-4:30pm

Spot 4.

英式花園酒吧品嚐泰式料理
The Churchill Arms

DATA | ☞ http://www.churchillarmskensington.co.uk/ 🏠 119 Kensington Church St, London W8 7LN ⏰ 週一到週三 11am-11pm 週四到週六 11am-12am 週日 12pm-10:30pm

曾被《文茜的世界週報》節目介紹的 The Churchill Arms，在眾多歷史悠久的英式酒吧中，非常具有獨特魅力，原因就在種滿花草植物的澎湃建築外觀，不僅如此，走進店內更被滿屋子的綠意芬芳給圍繞，想不浪漫都難，The Churchill Arms 因此成為少數英式酒吧贏得雀兒喜花卉展獎項的贏家。19 世紀時，曾任英國首相的傳奇人物溫斯頓邱吉爾（Winston Churchill）的祖父母，是酒吧的忠實顧客，在二次世界大戰後 The Churchill Arms 正式命名，今日在店裡還能看到許多邱吉爾的紀念物品與重要記事。

此外，The Churchill Arms 另一個有名的原因在於，這裡是倫敦第一間販賣泰國料理的英式酒吧，我們邀請幾位朋友一同嚐鮮，幾道經典菜色、炒飯和炒麵都令人相當驚豔，半價又道地，CP 值很高（喜愛吃辣的人有福了，這裡的辣在倫敦西化的亞洲餐廳中是真的夠味）！在充滿浪漫花卉和古董老物的裝潢中，享用美味泰國菜，再配上英式啤酒，這種混搭的衝突美感，走一遭就畢生難忘！

‖ AFTERWORD ‖

不管是探索未知，或者在熟悉的領域中挖掘新意，身為旅人永遠會津津樂道的，莫過於在異地呼吸點道地的空氣，感受不同的日常市井，所以逛市集就像是短時間內貼近倫敦人生活的捷徑。

波特貝羅之於我們，也許不是最常逛的一個市集，但所有倫敦的經典樣貌，在這裡都能盡收眼底，還能在巷弄角落找到新發現。所以，儘管深入市集前得先穿過重重人牆，就當作甜蜜的負擔，享受人擠人的熱鬧吧！

NONTWINS xx

EAST
LONDON
東倫敦

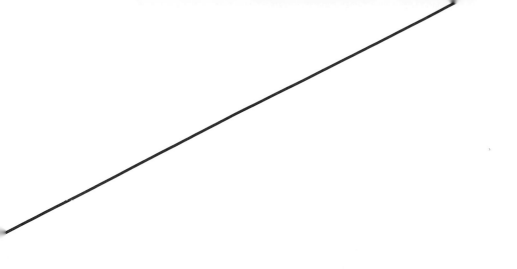

☞ ROUTE 13. 藝術設計時尚的創意大本營

源源不絕的怪點子、無時無刻上演的街頭藝術、豐富多元的人文交集、迷人的
夜生活……無論是時尚潮人、設計師、藝術家、音樂到酒吧老闆，大概都會說：
沒來過東倫敦，怎麼算來過倫敦呢？

☞ ROUTE 14&15. 週末必訪的兩大時髦文青市集

倫敦人的假日大事，十之八九和市集脫離不了關係。為了躲避愈來愈多的觀光
客，東倫敦的新銳創作者和嬉皮客更往郊區發展。百老匯市集和哥倫比亞路花
市都是週末獨有的市集，也是倫敦文青的最愛；沒有地方比這裡更能體會道地
倫敦人的生活。

藝術設計時尚的創意大本營

Shoreditch   Hoxton

經常和住過倫敦的朋友聊起這樣的話題，若只能選擇一個私心最愛的倫敦區域，你會選哪裡？這時候，大家總會先沉思幾秒，接著根據居住條件和喜好的休閒娛樂場所進行一番小辯論。有趣的是，來自不同人口中說出的答案，往往誠實反映了本人的性格，在創意、時尚與藝術設計圈子打滾的我們，完完全全無法抗拒成了東倫敦的忠實擁護者！

幾乎有三分之二的倫敦生活，包括居住和最常去的地方，統統在東邊。源源不絕的怪點子、無時無刻上演的街頭藝術、豐富多元的人文交集、迷人的夜生活，都讓東倫敦從過去的貧窮落後，轉變為觀光客最愛朝聖的指標地。不可否認，倫敦各地都充滿各自的獨特個性，但東倫敦對我們來說就像是最有說服力的城市語言，以一貫持續快速變化的腳步，展現獨一無二的全球代表性。

如果還有點半信半疑，不妨和我們實地考察，聽聽倫敦當紅的年輕勢力怎麼說？無論是時尚潮人、設計師、藝術家、音樂家到酒吧老闆，大概都會與我們有相同結論——沒來東倫敦怎麼算來過倫敦呢？（眨眼）

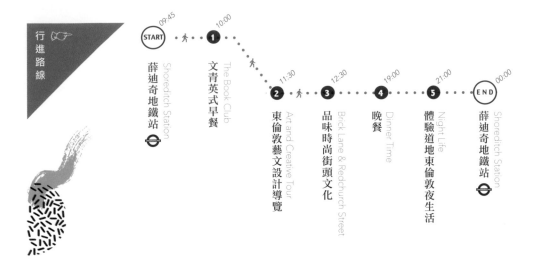

START 09:45

1 10:00
The Book Club
文青英式早餐

Shoreditch Station
薛迪奇地鐵站

2 11:30
Art and Creative Tour
東倫敦藝文設計導覽

3 12:30
Brick Lane & Redchurch Street
品味時尚街頭文化

4 19:00
Dinner Time
晚餐

5 21:00
Night Life
體驗道地東倫敦夜生活

END 00:00
Shoreditch Station
薛迪奇地鐵站

如果説蘇活區是倫敦市中心最熱鬧的地方，薛迪奇就像是東倫敦的心臟，所有好玩、意想不到的都在此輪番上演，天天都有新鮮事發生，所以，請帶著你的好奇心，從這出發吧！第一站推薦大家，來到東倫敦相當有名氣的文青咖啡廳和酒吧 The Book Club，和東倫敦型男潮女一起享受英式早餐！除了平價、分量大又美味，在 The Book Club 經常變換的創意空間中，你可以同時看展、欣賞鄰座的人，以及提前預習一下東倫敦調調（不害臊的話和吧檯員工打聽一下還有哪些不能錯過的隱藏景點）。

填飽肚子，接下來我們要更深入探訪東倫敦的創意文化。在這裡，即使放眼望去沒有一間大型博物館，但街頭巷尾卻藏著好多精采的藝廊、獨立空間、表演場地和創意聚點，如果你是藝術文化的高度愛好者，位在知名紅磚巷（Brick Lane）市集五分鐘路程的白教堂藝廊（Whitechapel Gallery），在英國當代藝術史上扮演了相當重要的地位，也是東倫敦當代藝術風潮的領頭先驅，不容錯過。另外，和我們一樣喜歡街頭塗鴉的人，想必會迫不及待朝聖與不少街頭藝術家合作的 Howard Griffin Gallery！除此之外，獨立書店、插畫家的手繪家飾店、年輕人聚集的共同創意工作室等，也都是了解東倫敦很棒的管道。

在這裡不僅看展能滋養身心，想吸收最新最快的一手流行文化，還有數不清的小店能讓你大開眼界，時尚、家飾、古董、市集、唱片行，累了就坐下喝杯香濃咖啡補充體力。此外，不僅店好逛，餐廳和酒吧也是一家比一家精采，比裝潢、比料理、比創意，東倫敦最熱鬧的夜生活地帶，跟著我們一探究竟！

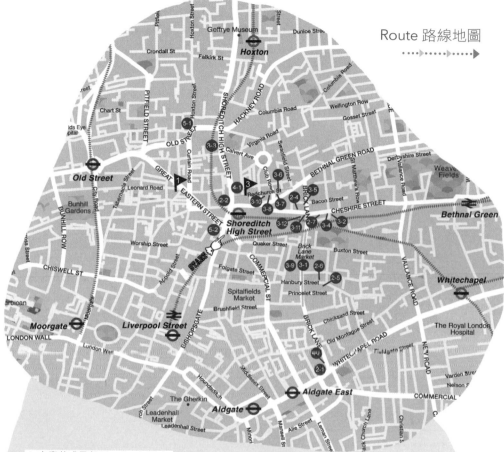

1. 文青英式早餐 The Book Club
東倫敦藝文設計導覽
  2-1. 白教堂藝廊 Whitechapel Gallery
  2-2. 獨立藝廊 Howard Griffin Gallery
  2-4. 獨立電影迷的祕密圖書館 CLOSE-UP
  2-5. 創意共同工作空間 Second Home
  2-6. 選書店 Liberia
  2-7. 插畫家飾店 Jimbobart
3. Brick Lane & Redchurch Street
  3-1. 紅磚巷市集 Brick Lane Market
  3-2. 便宜馬汀大夫鞋店 Blackmans
  3-3. 風格古董家具店 Elemental
  3-4. 古董眼鏡店 Specstacular
  3-5. 熱巧克力店 Dark Sugars
  3-6. 藝術家風格家飾店 ELEMENTARY

  3-7. 複合式理容院 BARBER & PARLOUR
  3-8. 咖啡廳 ALLPRESS ESPRESSO BAR
  3-9. 黑膠天堂 Rough Trade
  3-10. 時髦茶店 T2
  3-11. 獨立插畫家的可愛小店 Lik+Neon
  3-12. 設計服飾店 The Lazy Ones
晚餐 Dinner Time
  4-1. 新奇祕魯菜 Andina
  4-2. 印度料理快餐店 KHUSHBU
  4-3. 西班牙餐廳 Jamon Jamon
東倫敦夜生活 Night Life
  5-1. Electricity Showroom
  5-2. LOUNGE BOHEMIA

Spot 1.

文青英式早餐 The Book Club

DATA | ☞ http://www.josepizarro.com/jose-tapas-bar/
🏠 104 Bermondsey Street, London SE1 3UB 🕐 週一到
週六 12pm-22.15pm 週日 12pm-17.15pm

第一次去 The Book Club 是凌晨 12 點的週末夜
Party，東倫敦街上、酒吧門口充斥著正玩得開心
的興奮人群，拿著酒杯在路邊抽菸談心，或站或隨
性席地而坐，好不熱鬧，這是東倫敦標準的夜生活
景象。不過可別以為 The Book Club 只有 Party 好
玩，白天時，這裡還是一間文青味十足的咖啡廳，
創辦人 Jon Ross 致力於場地結合各式藝文活動，
包括派對、講座、工作坊、甚至有趣的聯誼活動（在
The Book Club 官網上可看到詳細的節目單），
一網打盡各類型倫敦年輕族群，更棒的是，連英式
早餐都很出色。Jon 透露自己私下很常在週末早上
來店內享用一頓豐盛的早午餐，再展開當天行程，
我們則是非常享受邊吃早餐邊欣賞東倫敦型人風
景！

▲ 令人食指大動的美式鬆餅和英式早餐

Spot 2.

東倫敦藝文設計導覽
Art and Creative Tour

1. 前衛又經典的白教堂藝廊 Whitechapel Gallery

DATA | ☞ http://www.whitechapelgallery.org/ 🏠 77-82 Whitechapel High St, London E1 7QX ⏰ 週二到週三、週五到週日 11am-6pm 週四 11am-9pm

即使我們過去在臺灣也很常看展，倫敦不設限的藝術創作環境還是讓人眼界大開，白教堂藝廊就是這樣的奇幻空間，在裡面總能被前衛又充滿想像力的當代藝術大大震撼，無論是空間陳列、作品質量都非常具代表性，看完展還能在附設的藝廊商店中大肆採買藝術書、明信片、周邊商品等。

同場加映：
First Thursday

每個月的第一個星期四，這裡都會舉辦大型藝術之夜 First Thursday，串連東倫敦上百間藝廊空間，讓所有藝文愛好者都能在這天晚上相聚，喝喝免費小酒，欣賞很棒的藝術，大力推薦如果旅程剛剛好碰上這時間的人，一定要去感受一下倫敦免費活動的魅力！保證一次就愛上！

DATA | ☞ http://www.whitechapelgallery.org/first-thursdays/

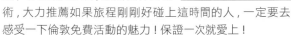

2. 集結塗鴉大師之作的獨立藝廊 Howard Griffin Gallery

有次不小心路過 Howard Griffin Gallery 正舉辦的展覽開幕酒會，人潮絡繹不絕非常熱鬧，讓我們忍不住進門一探究竟。當時正展出塗鴉藝術家 Phlegm 的大型黑白手繪畫作及裝置藝術，好多東倫敦創意工作者在不大的空間裡喝啤酒欣賞藝術談天，從此我們便愛上這間街頭味十足的獨立藝廊（當然還有 Phlegm 生動又詭譎的風格，他的街頭作品在東倫敦和市中心的南岸一帶都可看到）。翻翻藝廊合作過的幾位塗鴉藝術家都大有來頭，我們曾在裡頭巧遇第一個在柏林圍牆上塗鴉的知名藝術家 Thierry Noir 本人，還超級幸運獲得親筆簽名畫作和合照。更棒的是，Howard Griffin Gallery 就位在薛迪奇地鐵站附近的絕佳地理位置，到那逛街經過一定要進去瞧瞧，搞不好會幸運碰到神祕的街頭創作者！

DATA | ☞ http://howardgriffingallery.com/ 🏠 189 Shoreditch High St, London E1 6JU ⏰ 週週二到週日 12pm-8pm

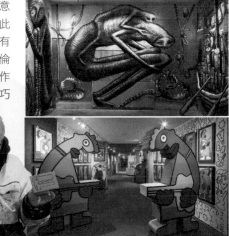

▲ 知名塗鴉藝術家 Thierry Noir 幫我們現場繪製 NONTWINS 色的可愛塗鴉！

3. 塗鴉藝術文化 Culture of Graffiti Art

說起東倫敦很有名的塗鴉文化（Graffiti），許多人都認識赫赫有名的英國街頭藝術家 Banksy，他在世界各地牆上的噴漆作品帶著濃厚的反諷意味，發人深省，也是走在倫敦街頭一定不能錯過的顯眼風景，去年他在距離倫敦兩三小時的靠海城鎮辦了超酷的大型展覽：暗黑版迪士尼樂園 Dismaland，創下高人氣，想去都一票難求！儘管塗鴉在過去並非是人人喜愛的藝術形式，但從近年來幾位知名塗鴉藝術家的作品都賣出天價的例子看來，影響力早已不容小覷。無論在倫敦或其他城市旅行，我們都很熱衷搜集路上的塗鴉風景，無論有名還是默默無聞的作品，經常展現出人意料的創意。以東倫敦為例，走在路上就經常能撞見不同藝術家正在更換牆上塗鴉，所以幾乎每週都有新樣貌；此外，東倫敦更致力於保留幾幅經典大型作品供旅人朝聖，在薛迪奇、紅磚巷一帶的大街小巷中，甚至是往北到新銳藝術家的居住地哈克尼（Hackney），仔細觀察每個角落，絕對能大飽眼福。

4. 獨立電影迷的祕密圖書館 CLOSE-UP

DATA | ☞ https://www.closeupfilmcentre.com/ ⌂ 97 Sclater Street, London E1 6HR ⏱ 週一到週四 12pm-8pm 週五到週日 12pm-11pm（圖書館開到 8pm）

從薛迪奇地鐵站走到紅磚巷的路上，會經過一間在東倫敦開業沒多久卻人氣頗高的創意聚所 CLOSE-UP，受歡迎原因就在於店內收藏了近兩萬部電影和書籍，包括許多電影史上重要的著作，現場宛如是獨立電影人的祕密圖書館！CLOSE-UP 租片採會員月費制，也經常舉辦小型電影放映會，此外還附設小咖啡廳，每次經過，總會看到不少人坐在位子上埋頭看書。喜歡獨立藝術電影的人，不妨來這逛逛累積片單書單，順便喝杯咖啡！

5. 東倫敦創意製造基地
Second Home

DATA | ☞ https://secondhome.io/whats-on
🏠 68-80 Hanbury St, London E1 5JL

2015 年，東倫敦悄悄誕生了一個創意基地，由前任政治家 Rohan Silva 與夥伴 Sam Aldenton 和 Sally Davies 所共同打造的 Second Home，前衛的橘色蛋形透明外觀（連材質都很創新，使用一種首次被用在英式建築中的環保永續原料），讓人忍不住想走近一探究竟。Second Home 提供不同類型的新創事業可租用的寬敞工作空間，以及舒適開放的創意環境，大廳旁的食堂酒吧區，充滿不同類型的創業家在此喝咖啡、用餐，互相交流；此外，一般人也能到這享用倫敦知名餐廳 Ottolenghi 前任主廚的料理，順便感受一下倫敦創業家的熱情活力。

6. 華麗復古優質選書店
Liberia

DATA | ☞ http://www.libreria.io/ 🏠 65 Hanbury St, London E1 5JP, United Kingdom ⏱ 週二到週四 11am-7pm 週五到週六 11am-11pm 週日 11am-6pm

在 Second Home 的斜對角，還有一間 2016 年初才新開幕的美麗書店 Liberia，同樣出自 Rohan Silva 團隊，但風格差異頗大，走華麗溫馨的深色木質調，柔和的黃光給人的感覺就像家一樣舒適放鬆，而且店內強調不提供 wifi，為的是創造一個暫時遠離科技紛擾的空間，讓人重新回歸實體書的懷抱，更藉由 Liberia 不同類型的精選書籍，找到更多創意靈感，重拾生活的快樂。

©Stephy Wang

©Stephy Wang

7. UNIQLO指定聯名的插畫家 Jimbobart

DATA | ☞ http://www.jimbobart.com/ 🏠 24 Cheshire St, London E2 6EH, United Kingdom ⏱ 週一到週日 11am-5pm

在創意文化盛行的倫敦，插畫家、藝術家滿街都是，要展露頭角是難上加難，連東倫敦牆上的塗鴉都能週週換新衣，所以如果想闖出自己的一片天，一定得創造無可取代的個人風格和價值。Jimbobart 這間小店看上去與許多倫敦的新銳插畫家工作室差不多，但事實上，這位插畫家早已揚名國際，連成衣大牌 UNIQLO 都找上他合作聯名 T-shirt，就知其魅力。其實早在 UNIQLO 與 Jimbobart 合作前我們就已是他的常客，非常喜歡他幽默畫風之下的動物，每隻都讓人會心一笑，當動物成了家飾杯盤的主角，連日常生活都愉悅了起來。要注意的是店門口的招牌有點低調，不仔細看搞不好會錯過，記得往櫥窗看去有隻超大型手繪熊公仔就對了。

◀ 四層動物杯

Spot 2.

品味時尚街頭文化
Brick Lane & Redchurch Street

1. 紅磚巷市集
Brick Lane Market

DATA | ☞ http://www.bricklanemarket.com/ 🏠 The Old Truman Brewery, 91 Brick Ln, London E1 6QL ⏰ 週六 10am-6pm 週日 10am-5pm

説起東倫敦，最有名的景點非紅磚巷莫屬！雖然一般大家都統稱紅磚巷市集，不過其實可細分為幾個不同的市集，集中在過去是釀酒廠的 Old Truman Brewery 建築群一帶，像是充滿街頭小吃的 Boiler House Food Hall（我們很常在快打烊前進去買一份特價 3 鎊的外帶泰式料理）、販賣許多古董家飾小物的 Tea Rooms、在大型倉庫中有著各式各樣攤位的創意市集 Backyard Market、我們最愛逛的古著服飾市集 Vintage Market，此外，還有週日限定的 Sunday Upmarket，也有逛不完的攤位和吃不完的各式異國小吃。

只要實際走一趟就會發現，以上那些市集的分法統統不重要，因為整條紅磚巷大街就是東倫敦最熱鬧、最繁忙的街頭景象，換句話説，請先做好心理準備，週末的紅磚巷會讓人從早到晚停不下腳步！若想要好好逛小店的話，我們推薦大家平日再訪，Vintage Market 在平日的週二和週五也有營業。

2. 全倫敦最便宜的馬汀大夫鞋店 Blackmans

幾乎每本倫敦旅遊書都會介紹到 Blackmans，因為這裡有全倫敦最便宜的馬汀大夫鞋，每次有朋友來倫敦玩必敗一雙基本款回家。不僅有馬汀，Blackmans 也有不少好穿的真皮鞋款滿值得下手，像是永不退流行的 Chelsea Boots，因為沒有品牌的關係，價格就像是臺灣路邊攤一樣便宜，質感也很不錯。不過小提醒一下，男老闆看到可愛的亞洲女孩上門光顧有時會「太過熱情」地聊天或打招呼，可別被嚇到了（笑）。

DATA | ☞ http://www.blackmansshoes.com/ 🏠 42-44 Cheshire Street, London E2 6EH ⏰ 週二到週六 11am-5:30pm 週日 9am-4:30pm

3. 風格古董家具店 Elemental

DATA | ☞ http://www.elemental.uk.com/ 🏠 130 Shoreditch High St, London E1 6JE, United Kingdom 🕐 週二到週日 11am-6pm

位在 Shoreditch High Street大街上的 Elemental，從櫥窗到店內空間都相當有品味，儘管賣的都是古董家具，醒目的風格卻比市面上的全新設計更讓人想擁有。原來早在 17 年前，Elemental就在東倫敦另一個有名的市集 Spitalfields 發跡，開業多年至今還屹立不搖，足以證明他們的商品絕對是精挑細選，風格歷久彌新。

4. 大鬍子型男的時髦古董眼鏡店 Specstacular

DATA | ☞ http://www.specstacular.london/ 🏠 40 Cheshire St, London E2 6EH, United Kingdom 🕐 週二到週三、週五 11am-6pm 週四 11am-4pm 週六到週日 11am-5pm

每一次經過 Specstacular，看著櫥窗擺設的時髦造形眼鏡，都忍不住在心中吶喊真是太酷了！終於，因為這本書讓我們有機會更進一步了解這家店，還幸運和蓄著大鬍子、有型到不行的男主人翁 Keval 合拍一組時尚照，只見 Keval 毫不害羞擺出超專業 pose，儼然道地的東倫敦潮人代表。2014年，Keval 和 Hala 共同創辦了 Specstacular，並非一時興起或純屬興趣，而是花了七年時間策畫，超過 20 年的專業收藏，所以許多眼鏡一看就像是藝術品般獨一無二、價值不菲，比方說一組來自羅馬時期的華麗眼罩，就是歷史悠久的鎮店之寶。店內最吸睛的除了各式各樣的古董造形眼鏡（純粹參觀就很值得），還有許多經典款鏡框，加上店內提供的專業配鏡服務（連配鏡片度數的眼鏡都有不同款的古董樣式），絕對能幫客人找到品質好、又適合自己的復古鏡框，儘管價格不便宜，換來的卻是不會「撞框」的無價品味。

5. 「現切」現做熱巧克力店
Dark Sugars

都是現切的巧克力喔！

DATA | ☞ https://www.darksugars.co.uk/ ⌂ 141 Brick Ln, London E1 6SB, United Kingdom ⏰ 週一到週日 10am-10pm

「Make Yourself Happy」，是 Dark Sugars官網首頁的標語，也是我們每次光顧一定會洋溢的好心情！店面位在紅磚巷大街上，店員不但親切風趣，更會在客人面前表演現做熱巧克力飲品，相當有看頭！現切滿滿的黑、白與牛奶巧克力，統統加進剛打好的熱騰騰牛奶裡，一杯暖身又暖心的招牌熱巧克力就送到手中，喝下第一口保證嘴角上揚，身心都是幸福滋味（記得邊喝邊攪拌，才不會喝到最後太甜）。

6. 藝術家風格家飾店 ELEMENTARY

DATA | ☞ http://www.elementarystore.co.uk/ ⌂ 77 Redchurch St, London E2 7DJ, United Kingdom ⏰ 週二到週六 11am-6pm 週日 11am-5pm

ELEMENTARY 位在東倫敦知名的紅教堂街（Redchurch Street）上，剛開幕時，低調又美麗的櫥窗立刻吸引人目光，走進店內，更是被各式各樣的造形玻璃杯給大大驚豔，除了精選世界各地的設計師家飾品牌，也有部分商品由 ELEMENTARY 設計，在希臘生產製造。好看又高質感的家飾產品，翻開售價卻比看上去來得親民，並非只有荷包深才負擔得起。連倫敦知名港式餐廳唐茶苑都找ELEMENTARY合作設計櫥窗陳列，讓人很期待下次造訪又會帶給人什麼新的驚喜。

7. 從頭時髦到腳的複合式理容院
BARBER & PARLOUR

DATA | ☞ http://www.barberandparlour.com/ ⌂ 64-66 Redchurch St, London E2 7DP ⏰ 週一到週六 9am-11pm 週日 10am-11pm

同樣在紅教堂街上，BARBER & PARLOUR 粗獷磚牆的建築物就位於明顯轉角處，店名透露了這裡將提供男士與女士們一切關於「美」的需求，像是髮型、指甲、理容、保養等，從頭到腳能在這得到滿足。不過如果只是這樣還不夠特別，BARBER & PARLOUR做到的是，即使你今天不想來這消費以上服務，一樣能和朋友來場美食聚會（這裡提供的精緻早午餐完全不輸給外面餐廳），或逛逛裡頭販賣的優質生活小物。此外，B1還有一間倫敦知名的風格影城 ELECTRIC CINEMA，不介意門票貴了點的人，不妨來這享受躺在高級沙發看電影的滋味。

8. 《GQ》編輯一致好評的咖啡
ALLPRESS ESPRESSO BAR

DATA | ☞ https://uk.allpressespresso.com/ 🏠 58 Redchurch St, Shoreditch E2 7DP, United Kingdom ⏰ 週一到週五 7:30am-5pm 週六到週日 9am-5pm

第一次喝 ALLPRESS，是剛到倫敦時跟著《GQ》編輯朋友一塊朝聖，儘管倫敦有數不清的獨立咖啡廳，ALLPRESS 在東倫敦人心中絕不只咖啡好喝而已，更像是精神寄託。倫敦厲害的咖啡幾乎都是烘焙生產一手包辦，ALLPRESS也不例外，才到門口就能聞到撲鼻而來的咖啡香，無論是 ESPRESSO 或牛奶咖啡都相當濃厚出色，此外，店內也提供新鮮健康的輕食，週末時間造訪總能看到各類型的東倫敦人在此聚集美好的典型風景。

9. 獨立音樂迷的黑膠天堂
Rough Trade

DATA | ☞ http://www.roughtrade.com/ 🏠 The Old Truman Brewery, 91 Brick Ln, London E1 6QL ⏰ 週一到週四 9am-9pm 週五 9am-8pm 週六 10am-8pm 週日 11am-7pm

無論你喜歡聽哪一類型的音樂，來到東倫敦不能不去朝聖赫赫有名的傳奇唱片行 Rough Trade。Rough Trade在倫敦一共有兩家，位在東倫敦的這間分店是大家來到紅磚巷一定會順道進去逛逛的景點，門口及牆上貼滿了音樂海報，見證了許多英倫搖滾巨星的經典時代。除了賣唱片，店內也提供各式各樣的試聽專輯，是音樂迷發掘靈感的好所在；此外，店裡也有附設咖啡廳和販賣各式音樂書籍及刊物，甚至不時舉辦 live 演出。如果想在此留念，除了買張黑膠唱片或周邊，在 Rough Trade有名的大頭貼機拍張四格黑白大頭貼或許是不錯的選擇！

10.
伴手禮首選！時髦茶店 T2

DATA | ☞ https://www.t2tea.com/ 🏠 48-50 Redchurch St, London, Shoreditch E2 7DP ⏰ 週一到週六 10am-7pm 週日 11am-6pm

從門口窗貼的繽紛印花還以為是什麼時尚潮流服飾店，進了門才發現原來 T2 是間很不一樣的時髦茶店，從室內陳列、茶葉包裝到店內挑選的茶具組都非常好看，很適合買來當伴手禮。我們最喜歡在天冷的時候去T2 試喝花茶、逛逛美麗的茶壺茶杯，搞不好還能找到心儀的下午茶組，回臺灣享受自家英倫Tea Time。

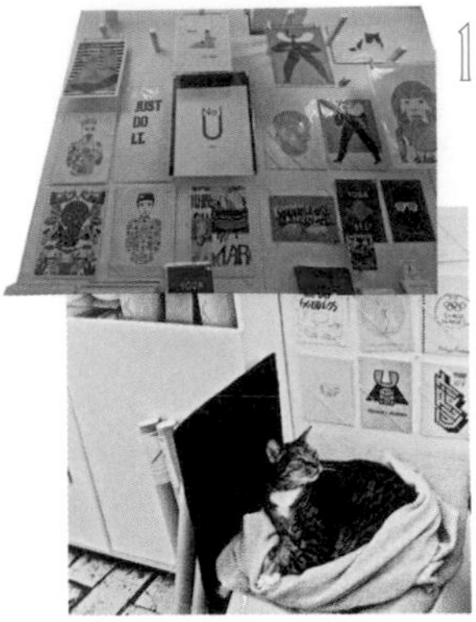

11. 挖掘獨立插畫家的可愛小店 Lik+Neon

DATA | 106 Sclater St, London E1 6HR　週一 12pm-7pm 週二到週日 11pm-7pm

橘色外牆的醒目外觀，名字卻很難記住的 Lik+Neon，是一間集結各式風格插畫家作品的可愛小店，幾年前店主人養了好幾隻貓咪，每次經過都吸引不少客人目光，只可惜去年再造訪時只剩下一隻還在。店主人熱情地和我們分享貓咪和牆上插畫作品的故事，和我們說道他曾經和臺灣插畫家合作過的難忘經驗，相談甚歡，推薦喜歡插畫和獨立作品的人，一定要來逛逛 Lik+Neon。

12. 東倫敦時髦情侶的設計服飾店 The Lazy Ones

和 Lik+Neon只有幾步路的距離，開業超過十年的The Lazy Ones，在東倫敦還未像今日大受歡迎前就已存在，占據當地潮流時尚的一席之地，簡約、設計感又帶點性感的風格，就像店主人 Natalia和 Diego本人搶眼的外形，讓人過目難忘！很有緣的是，過去都是去 The Lazy Ones逛街，沒想到日前我們回倫敦採訪拍攝，竟然又剛好住進 Natalia和 Diego 經營的 Airbnb房間，就位在 The Lazy Ones樓上的可愛公寓中，還有隻超可愛的義大利靈緹犬 Jules陪伴。幾天的相處談天下來，很難不愛上這對很在地的東倫敦時髦情侶，不但居住、工作都在這，還身兼藝術家、造形師、模特兒和攝影師等多重身分，簡直是天作之合代表！如果來到東倫敦玩，我們推薦大家一定要親自會會 Natalia和 Diego，不僅逛時尚，聊東倫敦景點，還能一併認識東倫敦最好玩的「人」。

DATA | http://www.thelazyones.com/　102 Sclater St, London E1 6HR　週一到週日 12pm-7pm

▲穿上臺灣之光 Jamie Wei Huang 的個性服飾，會會東倫敦超酷時尚情侶！

Spot 4.

晚餐 Dinner Time

1. 時尚新奇祕魯菜餐廳
Andina

DATA | ☞ http://www.andinalondon.com/ ⌂ 1 Redchurch St, London E2 7DJ ⏰ 週一到週五 8am-11pm 週六到週日 10am-11pm

位在薛迪奇大街上的 Andina，因為地理位置絕佳，加上外頭看進去的室內裝潢相當時髦有型，讓我們一開始都誤會它是間漂亮咖啡廳，後來經由在地朋友介紹才得知 Andina 是間非常有名的祕魯菜餐廳，我們也終於在誤會它多年後，第一次嘗試這傳説中的異國料理。這裡有南美洲風味的街頭小吃和正餐，有點類似墨西哥菜的口味，卻是從沒吃過的清爽口感，食材健康、擺盤繽紛，讓初次體驗的我們非常驚豔，服務好、氣氛佳，儘管價位偏高，還是相當值得一試。

2. 平價美味印度料理快餐店
KHUSHBU

DATA | ⌂ 74 Whitechapel High St, Whitechapel, London E1 7QX, UK ⏰ 週一到週四 11am-11pm 週五到週六 11am-3am

來倫敦旅遊前可能不少人聽説過倫敦的印度料理，平價、道地又好吃，這間 KHUSHBU 就是我們初抵倫敦時，被朋友帶來大快朵頤的印度小餐館，從店內幾乎是當地人光顧就知道一定口碑保證。點菜時的祕訣是，直接和老闆説你要哪種辣度，肉（雞、牛、羊）或蔬菜，老闆就會推薦當天的選擇，無論是咖哩、香料燉肉等都非常好吃，搭上蒜香烤餅（Naan）和印度米飯，絕配！週末夜KHUSHBU還營業到凌晨，如果剛好住在東倫敦一帶，想吃宵夜也不怕無處去了。

Spot 5.

體驗道地東倫敦夜生活　Night Life

來東倫敦不能不體驗精采的夜生活，不過記得先做好心理準備，週末夜一到，東倫敦薛迪奇和霍克斯頓（Hoxton）一帶的酒吧幾乎是一位難求！這邊和大家推薦幾個我們常去的選擇，位在霍克斯頓廣場（Hoxton Square）附近有不少 live house，是音樂迷的最愛，還有知名酒吧 Electricity Showroom 每次都被擠得水洩不通；若喜歡 DJ、派對、熱舞，則不妨去 The Book Club 和滿屋子東倫敦人一同搖擺。LOUNGE BOHEMIA 是我們的祕密酒吧名單，位在大街上卻有著非常隱密的入口，一進入地下室店內，馬上能感受到與外面截然不同的空間氛圍，除了讓人頻頻對周遭的布置品味和特色調酒感到驚奇，又能感受像設計旅店一樣的舒適自在。不管你最後選擇去哪間酒吧或夜店，記得 11 點過後一定要隨身攜帶護照或國際駕照等 ID 才能進場，同時更要小心保管自身財物，快樂出門平安回家。

©The Book Club

The Book Club

DATA | ☞ http://www.wearetbc.com/ ⌂ 100 – 106, Leonard Street, London, EC2A 4RH ⏱ 詳情見網站

LOUNGE BOHEMIA

DATA ⌂ 1e Great Eastern St, London EC2A 3EJ

▲ BOHEMIA 隱密的入口

‖ AFTERWORD ‖

回想在倫敦居住的三年間，東倫敦曾帶給我們的無窮驚喜，以及我們在那裡所累積的全部記憶，不管是獨自一人，或和來來去去的朋友相聚，幾乎無法用時間和空間來定義，量化表示，屬於東倫敦的獨特魅力。

曾經那裡是極為貧窮危險的區域，如今搖身一變為創意發跡的大本營，從東倫敦的演變史中，你能最直接了解這城市的前進腳步，快到每一天都是驚喜。就算今天的東倫敦市中心，蓋了許多豪華公寓與新大樓，富裕到當地人住不起，那些曾在此深耕發跡的創意痕跡，那些又新加進去的有趣商機，讓人一見鍾情還愈去愈上癮！

NONTWINS xx

© 遊鳳雯

週末必訪的兩大時髦文青市集

Shoredicth　Hoxton　Dalston　Hackney

花費時間： 日（週六與週日）　建議季節：四季

倫敦人的假日大事，十之八九和市集脫離不了關係！前面幾章已經介紹過了西倫敦的波特貝羅市集、東倫敦的紅磚巷市集，都是來倫敦旅游必朝聖的大型熱鬧市集。不過以市集出名的倫敦，還有沒有其他不一樣的類型，甚至更「精華」的選擇呢？如果想體驗少了點觀光客、多了些貼近當地人文生活氣息的中小型市集，該去何處？本章我們要介紹的兩條市集路線，就是綜合了前者大型市集應有盡有的吃喝玩樂功能，但是更專精、更道地，充滿更多讓人愛不釋手的個性元素。

這兩個都發跡於東倫敦的假日市集：百老匯市集（Broadway Market）和哥倫比亞路花市（Columbia Road Flower Market），分別在週六和週日舉辦，可說是倫敦各年齡層文青的最愛。東倫敦最精華地帶的紅磚巷市集，近幾年因為觀光客湧入，過去著名的小眾創意風格逐漸走向大眾流行化，導致東倫敦的新銳創作者和嬉痞客紛紛移至交通更偏遠一點的地方聚集（像是更北的哈克尼），形成了市集周邊的獨特風格文化。換句話說，這章的兩條市集路線，我們不僅要帶大家經歷更多驚喜的小店、不設限的藝術設計，甚至欣賞許多好看有型的路人，還要分享我們心目中認為最美好的倫敦生活樣貌，並非富麗堂皇，從不刻意營造，而是在每一個簡簡單單的日常小片段中，選擇喜愛的事物，活出自在的風格。

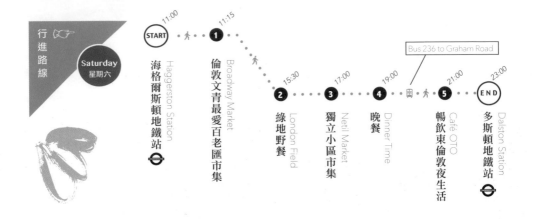

從薛迪奇地鐵站隔二站的海格爾斯頓（Haggerston）下車，步行約 15 分鐘即可抵達倫敦潮男型女密集的百老匯市集。由於沒有地鐵直達，必須步行或搭乘公車前往，百老匯市集總給人一種內行人才知道的隱密感，當地出沒的人不是本來就住在東倫敦的居民，就是志趣相投、擁有某種強烈風格特色的三五好友，週末娛樂喜歡找一個老地方待一下午。以在地市集來說，百老匯市集算是規模不小的了，尤其是這兩三年間，愈來愈多人願意長途跋涉從倫敦各地到此朝聖，它所提供的好玩事，絕不會讓人待一下就無聊想走，反而是從早到晚都有不同趣味。

百老匯市集旁不但有可愛的攝政運河（Regent's Canal），還有一塊東倫敦年輕人最愛的公園綠地 London Fields，據時尚圈友人表示，過去倫敦的有型男女每到假日就會在此聚集，連街拍攝影師都會特地前來捕捉他們的時尚身影，宛如另類的服裝發表秀，相當有趣。所以來到這，首先一定要瀏覽一遍路中央的街頭美食攤販，接著再逛逛市集兩旁的厲害店家，獨立書店、時尚版魚鋪、服飾店、家居設計小物等一應俱全。需要咖啡因時，就點上一杯 Climpson & Son 的熱拿鐵，若要享受陽光，買好食物馬上能躺在 London Fields 草地上發懶。野餐完畢，旁邊的獨立小區市集 Netil Market 還有我們很愛的眼鏡店、飾品店和古董攤販，這裡也是倫敦現在當紅的臺式刈包餐廳BAO的發源地。

離開百老匯市集再往北去（可步行或坐公車），多斯頓（Dalston）是東倫敦另一個在地人聚集的熱門夜生活區域，這裡有一週七天上演各類型音樂表演的 Café OTO、知名夜店 Birthdays，或是有現場樂團演的英式酒吧 Shacklewell Arms 等。因為多斯頓是著名的土耳其區，晚上肚子餓也不用擔心，隨時有美味又便宜的烤肉捲 Kebab可當宵夜，即使倫敦大部分商店都天黑就打烊，多斯頓卻是愈夜愈熱鬧美麗。

Route 路線地圖

1. 百老匯市集 Broadway Market
1-2. 老字號英式手工派名店 F.COOKE
1-3. 書店藝廊 DONLON BOOKS
1-4. 獨立藝術書店 Artwords Bookshop
1-5. 人手一杯的咖啡 Climpson & Sons
1-6. 魚鋪 Fin & Flounder
1-7. 英式酒吧 Cat & Mutton
2. 公園 London Fields
3. 獨立小區市集 Netil Market
3-1. 貨櫃家居時尚 Earl of East London
3-2. 眼鏡行 The Worshipful Little Shop of Spectacle

晚餐 Dinner Time
4-1. 西班牙小酒館 EL GANSO
4-2. 阿根廷牛排 BUEN AYRE
5. 前衛音樂表演空間 Café OTO

Spot 1.

倫敦文青最愛百老匯市集
Broadway Market

雖然前面提過百老匯市集的交通沒那麼便利、地點較偏遠等，事實上，在今日早就已經沒辦法阻擋它發光發熱，就是好玩到你非去不可！「食」和「逛」這兩大最重要的市集元素，來到這，統統像是品味加乘，在百老匯市集裡，處處是美好生活示範，與純正東倫敦風格享受。

1. 買多可殺價的路中間古著攤
Vintage Clothes Stall

路邊攤古著不稀奇，不過在百老匯市集路中間這一攤，老闆已在東倫敦經營古著生意多年，所以他賣的貨不但款式齊全，好看的也很多！古著襯衫、印花洋裝、外套大衣、針織衫毛衣樣樣有，因為有次我們意外發現他也出現在星期天的紅磚巷市集，從此成了忠實主顧。買多的時候，記得笑笑上前詢問是否能便宜一些，人很好的老闆通常都會給優惠價喔！

DATA | http://www.josepizarro.com/jose-tapas-bar/
104 Bermondsey Street, London SE1 3UB ⏰ 週一到週六 12pm-22.15pm 週日 12pm-17.15pm

我人很好喔～

2. 東倫敦老字號英式手工派 F.COOKE

DATA | ⌂ 9 Broadway Market, London E8 4PH
🕐 週一到週四 10am-7pm 週五到週六 10am-8pm

復古字體招牌，櫥窗裡陳列著看來歷史感十足的資料照和英國國旗，以及貼著讓人捉摸不透的「HOT JELLIED EELS」（熱膠狀鰻魚），這家已經傳承好幾代的東倫敦老店，據現任老闆 Bob 表示，從 1862 年開幕時就是我們現在看到的樣子，一點都沒改變，不僅是一走進店裡的長長櫃檯、牆上的菜單、家族合照等，讓人在試圖理解兩百多年前東倫敦樣貌的同時，也藉由當時人吃的食物去體會。

原來店裡賣的 Pie & Mash（派和馬鈴薯泥）是維多利亞時期的平價速食，雖然今日很常在英國各個地方吃到這道經典英式料理，但和 F.COOKE 的傳統原味相比大不同。實際嚐過一次，浸泡在透明勾芡醬汁中的肉派或素食派，和我們平時吃過的味道差異頗大，儘管不是很習慣，但配上店家提供的辣味醋，新鮮感十足，更別說店內還有供應另一道很酷的菜：COLD / HOT JELLIED EELS，基本上就是鰻魚與凝結成果凍狀的湯汁，也是東倫敦老饕的最愛！賣了兩百多年都始終不變的老味道，光是這點就值得喜愛嚐鮮的人朝聖了。

拍攝 F.COOKE當天，我們在二月的冷天中，硬是以單薄又衝突感的時尚穿搭邀請老闆 Bob 一同合照（超有趣！），而年紀已經能當我們爺爺的 Bob 也絲毫不怯場，口中操著濃厚的東倫敦腔，一邊幫客人裝菜一邊和我們聊店內歷史，同時還趁空擋幫我們找景拍照。拍攝當下，店裡和店外默默累積了大批客人圍觀，大概是心想這兩個不知哪跑來的亞洲女孩，也是挺識貨的內行人吧！（笑）

3. 書店藝廊一次擁有 DONLON BOOKS

DATA | ☞ http://donlonbooks.com/ ⌂ 675 Broadway Market, London E8 4PH 🕐 週一到週五、週日 11am-6pm 週六 10am-6pm

東倫敦有不少厲害的獨立書店，其中DONLON BOOKS 就是我們很常逛的一家，店內蒐集了不少亞洲攝影集、藝術類藏書、限量精裝書等，還有各類型社會文化議題（同志文學、嬉皮文化、性愛等）選書。此外，DONLON BOOKS 還在店旁邊開了間像是藝廊的小小空間，裡頭販售原版海報、老物、家飾品等，都很值得去探險挖寶。

4. 好看又好買的獨立藝術書店 Artwords Bookshop

DATA | 👉 https://www.artwords.co.uk/　🏠 20-22 Broadway Market, London E8 4QJ 🕐 週一到週五 10:30am-8pm 週六到週日 10am-6pm

除了 DONLON BOOKS，Artwords Bookshop 是另一個獨立書店的好選擇，尤其是百老匯市集中的這家分店，我們每逛市集必造訪。店內賣很多好看的藝術書籍，舉凡時尚、設計、攝影、當代藝術、建築等，經常可以在翻閱中獲得靈感，各式雜誌也非常齊全，重點是價格不貴，如果行李箱夠大，買回家收藏絕對比在臺灣花大錢買原文書划算。

5. 百老匯市集人手一杯的咖啡 Climpson & Sons

DATA | 👉 http://www.climpsonandsons.com/ 🏠 67 Broadway Market, London E8 4PH 🕐 週一到週五 7:30am-5pm 週六 8:30am-5pm 週日 9am-5pm

不得不說，來百老匯市集喝杯去家樓下轉角的 7-11 買飲料一樣平是不忘來上一杯，呼吸一下在地氣息香，人也特別精采，儘管座位不多（有讓我們忍不住東張西望觀察身旁。回歸只是專精烘焙咖啡豆和賣好咖啡，更是賣一種生活態度，超過十年的經營，在這裡喝咖啡就像是體驗一種東倫敦的質感味道。有趣的是，他們除了咖啡廳還在公園另一頭（步行五分鐘內）開了間創意餐廳 Climpson's Arch，不走大廚路線，專找沒資金獨立創業的年輕新銳廚師來此駐店，所以每半年都會根據駐店廚師的專長供應不同料理，不但有新意，更讓新人有機會大膽挑戰市場反應，下次去倫敦一定要試試。

Climpson & Sons，對當地人而言就像凡自然，這也是為什麼我們每次經過總（笑）。在小小的店面裡頭，不只咖啡很時還有點擠），等待咖啡的隊伍中，總是到 Climpson & Sons 的宗旨，他們賣的不

6. 顛覆你對魚鋪的想像 Fin & Flounder

雖說在外旅遊很難下廚（如果 Airbnb 住到當地人的家就另當別論了），但逛市場絕對是深入一個地方生活很好的面向，真的不是我們私心，來到 Fin & Flounder 會讓人大歡連魚鋪都能這麼好看時尚（還有前面幾章有介紹到的肉鋪），不愧是東倫敦！Fin & Flounder 讓人在吃之前就先大飽眼福，雖然說好吃的食物不能光看表面，可海鮮的「鮮」，光看色澤就知道，Fin & Flounder 對待魚貨的態度，大概就像藝術品之於藝廊般地賞心悅目，想要嚐嚐看這新鮮美味，在百老匯市集和獨立小區市集中都有他們的海鮮熟食攤販。

從第一次經過 Fin & Flounder，我們就忍不住驚呼海鮮櫥窗實在太美了，還穿著圍裙和雨鞋的有型男店員相當吸睛，終於因為這本書逮到機會邀請父子檔老闆一同加入時尚拍攝，特別謝謝老闆滿足我們任性的願望。因為店面很小，拍攝過程中因不斷有客人進店內排隊買魚而困難重重，不過我們也算親自證實了它真的很熱門！畢竟在不靠海的倫敦要吃到很棒的海鮮，靠的就是這些獨立小店的精挑細選，儘管價格不比大超市便宜，好的品質、服務與創意說明了一切。

DATA | ☞ http://www.finandflounder.co.uk/ 🏠 71 Broadway Market, London E8 4PH ⏱ 週二到週五 8am-7pm 週六 9am-5:30pm 週日 9am-5pm

7. 內裝時髦的英式酒吧 Cat & Mutton

DATA | ☞ www.catandmutton.com/ 🏠 76 Broadway Market, London E8 4QJ ⏱ 週一 12:00-23:00 週二到週四 12:00-00:00 週五 12:00-01:00 週六 12:00-01:00 週日 12:00-23:30

外牆看上去和一般英式酒吧沒什麼兩樣，內部裝潢卻很符合東倫敦的時髦新潮，而且裡面滿滿的人潮，幾乎人手一杯插著芹菜的血腥瑪莉調酒，儼然是除了啤酒外的招牌首選。

Tips:
偷偷告訴大家一個來倫敦旅遊的小撇步，要是逛市集逛到很想上廁所，英式酒吧是最佳選擇，尤其店內擠滿人的時候，儘管安心無慮地借廁所，亦或是上完廁所直接小酌一杯。

Spot 2.

綠地陽光野餐　London Fields

前有運河，後有公園，是百老匯市集與眾不同的魅力所在，尤其是天氣好時，經常可以看見逛完市集的人們席地而坐或索性躺下，悠閒開心地享受下午時光。真正道地的倫敦野餐從來不做作嚴肅，愈隨性才愈是當地人的自在生活態度，不妨也學學他們，享受有陽光和草地就停下來小憩的美好片刻吧。

©Stephy Wang

Spot 3.

獨立小區市集　Netil Market

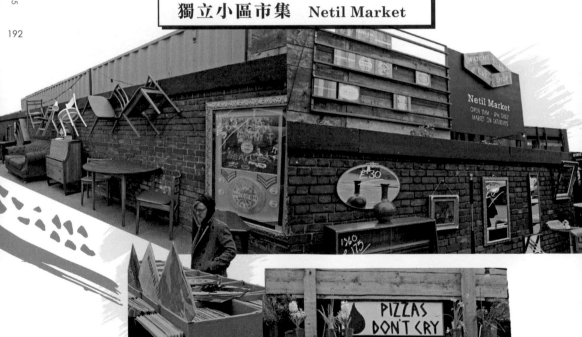

曾被《紐約時報》旅遊作家報導過的 Netil Market，雖然低調隱身於百老匯市集旁，卻因許多創意工作者的進駐聚集，早已掩蓋不了自身光芒，成為倫敦風格市集中的閃亮新秀。從飾品、古董、設計、時尚、居家到復古眼鏡，一次網羅倫敦年輕創意。

1. 型男老闆的貨櫃家居時尚
Earl of East London

Hi, 我是Paul～

DATA | ☞ http://www.earlofeastlondon.com/ ⌂ 13-23 Westgate St, London E8 3RL ⏲ 週六 11am-6pm

193

和 Paul 初次相遇就相談甚歡，他將黑色貨櫃屋改造成生活風格小店 Earl of East London，在植栽、香氛、古董家具和設計小物的完美點綴之下，讓人無法忽視的精緻質感，就像是一個理想的家的美好縮影。他們旗下生產的香氛蠟燭系列，才發展短短一年就大受歡迎，以天然大豆蠟手工製成，不含石蠟等人工添加物，不但健康環保，五種從旅行中得到靈感的特色香氣，更深受許多店家喜愛，像是倫敦知名的 Selfridges 百貨合作進貨販售。

2. 量身訂製的藝術風格眼鏡行
The Worshipful Little Shop of Spectacle

DATA | ☞ http://www.theworshipfullittleshopofspectacles.com/
🏠 Netil Market, Unit M,13-23 Westgate Street, London E8 3RL
🕐 週六 11am-5pm 週四、週五（採預約制）11am- 10pm

第一次逛 Netil Market，除了一些有趣
的小攤販，就屬這家位在盡頭的眼鏡
行最讓人驚豔！老闆 Natalie Agnes
Edwards和整間木造小店鋪都充滿濃濃
復古風情，以專業的訂製工藝為強項。

▼ 復古美麗的店主 Natalie

© The Worshipful Little Shop of Spectacle

Natalie熱愛蒐集各年代的古董鏡框（都是未使用過、狀況良
好的高質感鏡框，最老的甚至可追溯到18世紀），更喜歡替
客人找到屬於自己風格的眼鏡，所以往往賣出一副商品前，
她得花上不少時間了解客人需求，從試戴、調整，直到最後
的配鏡片服務。身為藝術家，她也設計一系列充滿藝術風格
的手繪水晶鏡框，並與擁有40年經驗的專業製框師傅合作，
難怪置身店內細細端詳每一副眼鏡，好多都是從沒看過的精
緻品質與前衛風格。

晚餐 Dinner Time

Spot 4.

逛百老匯市集有個讓人又愛又恨的副作用，彷彿隨時隨地都會食慾大開，但選擇實在太多，永遠不可能餓肚子；換句話說，想減肥的人別輕易嘗試！（笑）更過分的是，美食攤販已經吃不完了，還有幾間厲害餐廳讓人不得不朝聖。

1. 運氣好才吃得到的西班牙小酒館 EL GANSO

DATA | ☞ http://elgansocafe.co.uk/ ⌂ 59 Broadway Market, London E8 4PH ⏱ 週一到週日 9am-11:30pm

每逢週六，百老匯市集裡的人潮真不容小覷，我們每次經過 EL GANSO 總是大排長龍、一位難求，想吃得靠點運氣，不過絕對值得。很喜歡西班牙 Tapas 的我們，在倫敦試過不少家西班牙小酒館，EL GANSO 就是那種吃下去會轉圈圈撒花的類型，除了經典的炸魷魚（Calamari）、墨魚燉飯、馬鈴薯烘蛋（Tortilla）道道美味，我們也嘗試了精采的脆皮豬五花，還有可口甜點吉拿棒佐熱巧克力，唯一可惜的是沒辦法每一樣都吃到，但也給了我們下次一定要再造訪的最好理由。

脆皮多汁的豬五花 ▶

必吃的墨魚燉飯 ▲

2. 大口吃肉的道地阿根廷牛排 BUEN AYRE

DATA | ⌂ 50 Broadway Market, London E8 4QJ ⏱ 週一到週四 12pm-3pm/6pm-10pm 週五 12pm-3pm/6pm-10:30pm 週六 12pm-10:30pm 週日 12pm-10pm

另一間當地人大推的餐廳 BUEN AYRE，提供傳統又道地的阿根廷牛排，是大口吃肉喝酒的好選擇，鮮嫩多汁！平易近人的價格又一定吃得飽的分量，是南美洲餐廳在倫敦總是很受歡迎的原因，平日去的話要記得中午和晚餐之間會有休息時間，以免撲空了。

Spot 5.

體驗東倫敦前衛音樂能量 Café OTO

Paal Nilssen-Love Large Unit at Cafe OTO ©Dawid Laskowski

Stara Rzeka & Dikeman, Lisle, Serries, Webster Quartet at Cafe OTO ©Dawid Laskowski

DATA | ☞ https://www.cafeoto. co.uk/ 🏠 18-22 Ashwin St, London E8 3DL

如果週六逛完市集一整天，連晚餐都吃完了還精神飽滿，那麼東倫敦絢麗熱鬧的夜生活正雙手大開地等著迎接你！推薦大家前往東倫敦的土耳其區多斯頓，感受一下前衛又有創意的音樂能量，夜店、live music、DJ 派對應有盡有，其中白天是咖啡廳、晚上搖身一變為表演空間的 Café OTO，更是各種有趣因子的大集合，無論是電子、實驗噪音、樂團等，經常讓人大開眼界；若到倫敦旅遊，晚上臨時想找地方聽表演喝酒，也很適合來這裡，一週七天，每晚七八點過後都有不同表演者輪番上陣！

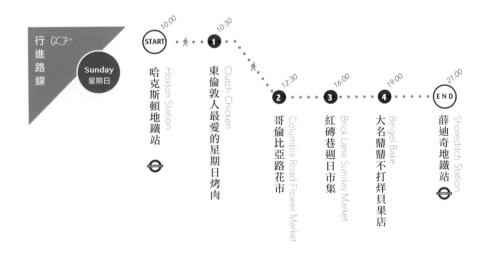

行進路線 ☞

Sunday 星期日

START — 10:00 — ① — 10:30 — ② — 12:30 — ③ — 16:00 — ④ — 19:00 — END — 21:00

Hoxton Station 哈克斯頓地鐵站

Clutch Chicken 東倫敦人最愛的星期日烤肉

Columbia Road Flower Market 哥倫比亞路花市

Brick Lane Sunday Market 紅磚巷週日市集

Beigel Bake 大名鼎鼎不打烊貝果店

Shoreditch Station 薛迪奇地鐵站

週六逛完百老匯市集，週日的重頭戲就是位在哥倫比亞路上的花市了。其實花市距離紅磚巷市集不遠，所以我們通常會兩個市集一起逛，早上先去花市，逛完再去紅磚巷晃晃。花市相較百老匯市集規模較小，可當那短短一小條路被倫敦美麗的花草樹木充滿，眼前美好的畫面，絕不是過去在臺灣逛過的花市所能想像的。哥倫比亞路花市之所以迷人，除了這裡販賣的花卉種類非常繽紛夢幻（春天時爭奇鬥豔的猖狂，冬天時被滿滿野生聖誕樹包圍），攤販兩旁的店家也是應景的可愛。園藝店、家飾雜貨店、古董店、文具店、藝廊，穿插幾間異國餐廳、小酒館、咖啡廳、知名杯子蛋糕店……以及輪番上陣的街頭藝人表演。

走完花市，慢慢散步去紅磚巷市集，逛逛古董和古著衣，朝聖一下最著名的牛肉貝果（Beigel Bake），把在東倫敦市中心還沒看夠的店一併飽覽。既然是市集行程，晚餐也這樣輕輕鬆鬆隨性解決就好，在路邊喝杯啤酒，當一天恣意的東倫敦人！

Route 路線地圖

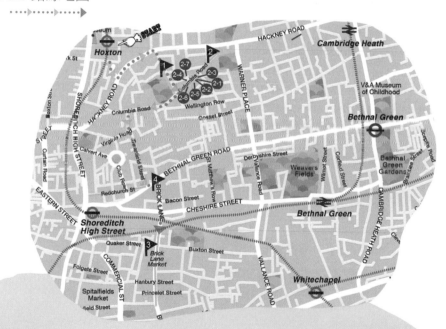

1. 星期日烤肉 Clutch Chicken
2. 哥倫比亞路花市 Columbia Road Flower Market
　2-1. 前衛當代藝術小畫廊 Nelly Duff
　2-2. 祕境玻璃咖啡屋 Start Space
　2-3. 風格飾品店 Jump Like Alice
　2-4. 知名杯子蛋糕 LILY VANILLI
　2-5. 寵物設計師選貨店 One Four Six
　2-6. 質感風格文具小鋪 Choosing Keeping
　2-7. 復刻石膏店 Stoned & Plastered
3. 紅磚巷週日市集 Brick Lane Sunday Market
4. 大名鼎鼎不打烊貝果店 Beigel Bake

Spot 1.

東倫敦人最愛的星期日烤肉
Clutch Chicken

DATA | ☞ http://clutchchicken.com/ 🏠 4 Ravenscroft St, London E2 7QG ⏰ 週一到週四 6pm-10pm 週五 12pm-3pm/6pm-10:30pm 週六 11am-4pm/5pm-10:30pm 週日 10am-8pm

要了解英國料理，不能不提擁有悠久歷史的英式傳統星期日烤肉（Sunday Roast），據說起源於工業革命時代，每個週日全家人上教堂做禮拜前，會先把肉放進烤箱慢慢烘烤，這樣回家就能一起享用；即使到今日，都還是英國家庭每個週末相聚的好理由。

星期日烤肉主食材是牛肉、馬鈴薯、蔬菜和約克夏布丁（Yorkshire Pudding），不過現在一般英式酒吧吃到的星期日烤肉，也會供應其他肉類，讓客人有更多選擇。像是這間位在東倫敦花市附近的 Clutch Chicken，就是一間以「烤雞」聞名的餐廳，菜單上改良版的星期日烤肉，是我們的東倫敦時尚友人大力推薦，週日逛花市前一定要先來嚐嚐的創意美味料理，不僅香料烤雞Q彈入味，配料更是精采，有炸地瓜片、蒜味馬鈴薯、蔬菜泥、烘烤的甘藍菜等，一大分16鎊，兩人合吃都很滿足。

哥倫比亞路花市
Columbia Road
Flower Market

Spot 2. ←

哥倫比亞路花市是我們在倫敦最愛的市集之一，每到週日，腦中好像有個無形的內建鬧鐘，提醒著我們該去花市走走了，如同每個東倫敦人的固定行程般，已經是再熟悉不過的日常習慣。

倫敦人愛花草是與生俱來，也是環境薰陶使然，儘管這裡是人人心目中一流進步的大城市，卻同時保有不可思議的美麗大自然。只有短短幾天可能無法體會這麼深刻，但是來花市走一遭就知道，不僅會情不自禁大力讚賞那些爭奇鬥豔的植物，更會對人手一束花的倫敦人感到無盡嚮往。除此之外，兩旁的店家都各有各的風格特色，與花市本身完美呼應，邊逛邊享用街邊小食，欣賞街頭藝人表演，再來一杯好咖啡或清涼啤酒，讓人忍不住想來句"C'est la vie, this is life!"

1. 前衛當代藝術小畫廊 Nelly Duff

2005 年成立於哥倫比亞路的 Nelly Duff，是新銳藝術藏家相當喜愛的人氣畫廊，兩層樓的空間，展出作品包含街頭藝術、刺青塗鴉、插畫、平面設計等，也能看到來自世界各地的藝術家創作，當中包含不少珍稀限量的原版大作，推薦喜愛前衛創新風格的人去瞧瞧。

DATA | ☞ http://www.nellyduff.com/ 🏠 156 Columbia Rd, London E2 7RG
🕐 週一到週五 9am-6pm 週六 11am-6pm 週日 9am 4pm

2. 藝廊內的祕境咖啡屋 Start Space

DATA | ☞ http://www.startspace.co.uk/ 🏠 150 Columbia Rd, London E2 7RG 🕐 週六 12pm-6pm 週日 8am-4pm

喜歡 Start Space 的理由很簡單，空間可愛、藝術品、家飾好看（會想走進 Start Space 多半是先被好看家具給吸引），結果走進店內後，才發現狹長走廊盡頭還有一間隱藏版咖啡屋，有著能透進陽光的驚喜天窗，而且咖啡味道也不錯，在人潮洶湧的花市中想找個地方歇會兒，這裡是我們的不二選擇。

3. 飾品迷的奇幻冒險 Jump Like Alice

DATA | ☞ http://www.jumplikealice.com 🏠 162 Columbia Road, London, E2 7RG ⏰ 週六 11am - 5pm, 週日 8:30am - 5pm

位在哥倫比亞路尾端轉角的 Jump Like Alice，是我們每次去花市都一定會晃去看看新貨的飾品小店，販賣各式各樣的風格配件，店主 Catherine 本身是位相當復古時髦的女人，所以店內你所看到的一切都跟她人生累積的喜好有關，從民族風地毯，到各式誇張珠寶、50 年代的復古泳帽、貝蕾帽、披巾圍巾等一應俱全，和我們一樣喜愛飾品的女孩必逛。

◀ 復古繽紛的大耳環，讓人愛不釋手！

4. 慕名而來的知名杯子蛋糕 LILY VANILLI

DATA | ☞ http://lilyvanilli.com/ 🏠 6, The Courtyard, Ezra St, London E2 7RH ⏰ 週日 8:30am-4:30pm

講到杯子蛋糕，倫敦道地的甜食控一定不會錯過位在花市旁、庭院公寓（The Courtyard）中的 LILY VANILLI，櫃臺上總是擺滿各式精緻好看的蛋糕，好比花市中的鮮花一樣鮮豔綻放（如果你太晚來就只能看著殘留的蛋糕屑扼腕了）。LILY VANILLI 是花市中另一間我們很推薦大家去的熱門咖啡廳，不只宛如藝術品的訂製蛋糕厲害，鹹食也經過精心製作，選擇多又美味，冬天還能來一碗熱呼呼的新鮮蔬菜湯，幸福滿點。要注意的是只有週日花市才有營業喔！

5. 專屬主人與寵物的設計師選貨店 One Four Six

DATA | ☞ https://onefoursixshop.co.uk/ 🏠 146 Columbia Road, London E2 7RG ⏰ 週五到週六 11am-5pm 週日 9am-4pm

在哥倫比亞路上還算是新人的 One Four Six，販賣的商品類別從好看的設計師飾品、家飾，到寵物用品都有，算是很有趣奇妙的組合。我們和老闆 Amy 聊了許多關於美麗珠寶背後的故事，他們與來自東非的傳統工藝合作，創立了前衛又時髦的配件品牌 Hiro + Wolf，同時因為愛寵物，所以連設計出品的寵物用品，像是項圈的材料也都是從肯亞親自挑選、英國製作，讓主人和寵物都能美美享受生活。

6. 質感風格文具小鋪 Choosing Keeping

DATA | ☞ https://choosingkeeping.com/ ⌂ 128 Columbia Road, London E2 7RG ◷ 週三到週六 11:30am-7pm 週日 9:30am-5pm(週一、週二公休)

初次逛花市的記憶湧上心頭,當時走進 Choosing Keeping,第一印象是空間很小,高質感的好品味被陳列在店內各個角落,卻一點也不擁擠,往後每次去花市一定要造訪 Choosing Keeping 欣賞好設計,筆記本、書寫工具、各式文具配件,都是來自不同發源地的美好故事。某次在店裡還碰到去巴黎工作私下跑來倫敦玩的桂綸鎂,想必 Choosing Keeping 也是小鎂的愛店之一。

7. 英國爺爺的復刻石膏店 Stoned & Plastered

DATA | ⌂ 21A Ezra St, London E2 7RH

除了哥倫比亞路上很精采,旁邊的 Ezra Street 也不容錯過,有餐廳、攤販、街頭藝人表演,還有這家開了幾十年的復刻石膏店 Stoned & Plastered,無論是羅馬時期雕像、埃及風格貓咪、面具、或是各式各樣的舊時代歐風造形,都可以在這找到,只要有來過花市的人一定對 Stoned & Plastered 印象深刻,對我們來說它已經是花市聚落的代表形象之一。

Stoned & Plastered 店主是一位很可愛的英國爺爺,知道我們想來拍照,除了非常熱情地向我們介紹店內環境,也講了不少自己的故事,像是他们年輕時經常在英國各地建造這些精美的石製雕像,現在我們看到的紀念品其實就是當時的工作室,如今他用石膏翻模過去的藝術品,創造了這些讓人可以帶回家布置室內或花園的小些複製品,不用花大錢又美觀有趣,連我們自己都買了好幾個帶回臺灣留念!

Spot 3.

紅磚巷週日市集
Brick Lane Sunday Market

逛完花市，約莫下午時分慢慢步行回前一章介紹過的紅磚巷週日市集（Sunday Upmarket），是最好的時機，趁著快要打烊前的尖峰時段更能享受殺價的樂趣，不但買東西有折扣，連吃的東西都特別便宜。來倫敦玩千萬別被印象中的高消費水準嚇到，其實倫敦的省錢玩法很多，逛市集就是滿足購物欲又不傷荷包的一種，吃的、喝的、玩的、逛的，連紀念品都在這挑好了，多方便（笑）。

Spot 4.

大名鼎鼎不打烊貝果店
Beigel Bake

除了之前提過的幾家東倫敦餐廳，這一天充實行程之後，如果還沒被街頭小吃餵飽，不妨試試紅磚巷大名鼎鼎的鹹牛肉貝果（Beigel Bake），24 小時營業，什麼時候去吃都不是問題，貝果口感 Q 彈有嚼勁，應該是我們畢生吃過最好吃的了，即使住倫敦這麼久，每次經過都還是忍不住嘴饞排隊買一個，不吃牛肉的人，燻鮭魚起司口味也很推薦！此外，喜愛甜食的人別錯過口味純樸的平價起司蛋糕（一個才70P）。

DATA | ⌂ 159 Brick Ln, London E1 6SB ⏱ 24 小時營業，全年無休。

‖ AFTERWORD ‖

所有的旅行終會走到尾聲，對你來說，每一次走出去的探險，
最後會留下的難忘部分是什麼呢？在倫敦，我們有好多好多
關於東倫敦市集的記憶。

特別是花市，在四季分明的倫敦，春、夏、秋、冬的花市各
有各的獨特樣貌，每一種都美到讓人回味無窮。而市集中不
斷流動的人們，更是永不會膩的風景，好奇的、探索的、重
回的、日常的，我們偶爾在一旁默默觀察傾聽，有時也放下
矜持和有趣的人暢談閒聊，最後發現，旅行是一場奇妙的化
學變化，也是一場與所到之處的未知邂逅。

難忘的原來不是那些書上期待已久的壯麗景致，反而是照片
不一定拍下，心裡卻深深記住的可愛片刻。

NONTWINS xx

© 游尹霙

FLOWER
MARKET

雖說倫敦是世界知名觀光大城，但不得不承認，許多朋友來倫敦旅遊的 to-do-list，一定少不了購物！就算沒時間走完想去的景點，也絕對要買個過癮才划算！為什麼倫敦能被譽為「購物天堂」？就我們去過幾個其他歐洲城市的觀察，倫敦擁有國際各大品牌都聚集於此的超高密集度，以及源源不絕誕生的英國新銳設計創意，再加上完善規畫的風格購物區，無論在東西南北倫敦都能逛到各具特色的美麗商店，想忍住不掏腰包都難。

旅居倫敦期間我們是窮留學生和打工族，所以儘管一年四季都有逛不完的新鮮事，大部分時候還是邊逛邊觀察為主，日積月累下來有些許心得想分享，也許能幫助你在荷包失血前先做好心理準備。

倫敦購物的常見迷思

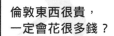

別一竿子打翻一船人！況且價格與價值很多時候不一定畫上等號。來倫敦購物，除了富有紀念價值外，我們推薦大家買一些別的地方買不到的，更有意義，而且許多臺灣時下流行的時尚品牌和生活小物，在倫敦都買更便宜！

倫敦東西很貴，一定會花很多錢？

在倫敦買國際精品比臺灣划算很多，除了能退稅，又加上英鎊下跌的誘惑，許多人一出國就忍不住大買特買，甚至亂買根本不適合自己的東西，回國後悔又賤價轉賣。提醒大家量力而為，別因為難得出國一趟就失心瘋，如果真想買好東西犒賞自己，事前做好功課，到了當地多逛幾家店想清楚再做決定，或嘗試些臺灣沒有的設計師品牌，好看又不會撞物。

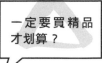

一定要買精品才划算？

每本旅遊書幾乎都會介紹倫敦東北二區的 Burberry 折扣店 Burberry Factory，或是倫敦近郊的 Bicester Village Outlet，真的這麼好買嗎？其實見仁見智。不少人的經驗都是，很多過季商品其實價錢便宜不到哪去，如果你本來沒有特別想買的品牌或幫人帶貨，去了常常是逛心酸的，除非剛好碰到一年兩次的大折扣季。建議大家去 Outlet 前，先到有興趣的品牌專門店逛過，更容易比較價格夠不夠划算。

Outlet 一定便宜划算嗎？

高街品牌（High Street Brand）買到賺到？

在倫敦，占據各重要街道醒目位置的不是 7-11，而是一家比一家大的連鎖高街品牌（High Street Brand），舉凡 H&M、ZARA、MANGO、PULL&BEAR、FOREVER 21、UNIQLO等，以及來自英國的 TOPSHOP/TOPMAN、NEXT、Primark……，在最熱鬧的牛津街和攝政街，經常會發現同一個品牌開設兩三家分店的狀況，人潮總是絡繹不絕。有不少倫敦購物指南會推薦價格低廉的 Primark，但我們仍要呼籲大家，購物前三思而行，是因為真的喜歡嗎？或是價格低、臺灣沒有而買？以 Primark 為例，低價的背後常代表著品質參差不齊，我們曾花十鎊買一件毛衣，洗一次就縮水不能穿，這類型高街品牌也經常被爆出血汗工廠等負面消息，身在快速流行文化時代的我們，別不小心成了盲目的追隨者，更因為低價淘汰率高，對環境造成無法彌補的傷害。

2

倫敦購物的五大亮點

1. 一年有兩次大折扣季

每年 7 月和 12 月是倫敦最重要的大折扣季,也是一年當中最瘋狂的兩次商場大戰,比起很看運氣還要長途跋涉的 Outlet,不如直接選擇折扣季期間旅遊才是真划算!若喜歡人擠人湊熱鬧,尤其別錯過聖誕節後 12 月 26 日的 Boxing Day,想感受「People Mountain People Sea」一同殺紅眼搶購的真諦,去市中心最熱鬧的牛津圓環(Oxford Circus)就對了!

2. 找伴手禮不一定要去專門店,超市也很好買!

在倫敦,不僅自用的東西很好買,更是名副其實的伴手禮天堂。如果你還在觀光客紀念品店找上面印有英國國旗或大笨鐘照片的紀念品就落伍了!來倫敦,一定要逛逛當地的風格超市,不僅種類繁多讓人大開眼界,又能買到好看又不貴的趣味小物,送禮體面也不會荷包大失血。舉例來說,在倫敦幾家常見超市中,質感和價位偏高的 Waitrose 和 M&S 經常推出自家或聯名商品,相當具有英倫設計感和趣味特色,糖果、零食、餅乾、英國茶等包裝都非常精美,保證一逛就驚豔!

3. 全世界數一數二先進的網購通路和退貨機制

英國擁有全世界最熱門的時尚網購平臺 ASOS 和 Net-a-Porter,在倫敦,幾乎所有路上看得到的實體店鋪都有網路購物可選擇,無論實體或網購的退貨機制都方便完善到令人瞠目結舌的地步,只要在規定期限內都可免費無條件退貨(實體店為 28 天內,網路有些退貨期限不太一樣,下單前記得看清楚)。所以有時若剛好在店面買不到想要的款式或尺寸,上網訂再寄去飯店或住處不失為一個好方法。或是上 ASOS 網站找類似款式直接免運費寄回臺灣,連行李箱空間都省了(退貨當然也沒問題)。

4. 買愈多退稅愈多，但要注意手續費

英國的購物稅金高達 20%，只要消費買 30 鎊以上即可辦理退稅（部分店家為 50 鎊），但因為單筆退稅還需扣除店家服務費和退稅手續費等，所以通常只能退到商品價格的 8%-12%，若結帳金額太小，扣除手續費後有時候退回的錢根本所剩無幾。所以大體來說，還是購買金額愈高能退愈多，祕訣是記得要將同品牌發票集中一次辦理退稅，舉例來說，如果旅遊期間分別在不同 H&M 分店消費，記得不要分開退稅，而是回臺前一兩天再將所有發票一次拿到退稅櫃臺辦理最划算；另外在同一家百貨公司內購買的商品都可以統一退稅，節省手續費。另外要注意的是有些獨立小店不一定有提供退稅服務，記得在結帳前先問清楚再購買。

5. 逛跳蚤市場挖寶撿便宜

在倫敦住過一段時間一定會養成逛市集的習慣，不但樂趣多，價格划算，更有機會找到獨一無二的特色寶貝，甚至在古物珍寶堆中大開眼界。逛市集和二手跳蚤市場是許多年輕 Londoner 的省錢祕技，運用古著單品混搭創造與眾不同的風格，在時尚街拍中隨處可見。

6. 把逛街當作街頭觀察和品味養成

在倫敦，就算荷包不深還是能逛得過癮！身為全世界創意設計首屈一指的城市，不僅產品本身厲害，Window Shopping 也非常有看頭。無論是櫥窗設計和陳列都經常推陳出新，如知名百貨商場 Selfridges 和 Liberty 的櫥窗就是時尚人士的指標看點，尤其是節慶期間，像是每年 10 月到 12 月，市中心各商圈的聖誕精心布置年年充滿驚喜。此外，倫敦各地不同特色區域出沒的型男潮女也是觀察重點。

倫敦風格購物

身為購物天堂的倫敦，總是能兼容並蓄滿足各種風格的時尚愛好者！如果你和我們一樣喜愛吸收新事物，厭倦一成不變，不妨跟著我們走訪以下各具代表性的風格商家，從英倫觀點出發，找尋全新時尚創意靈感。

NORTH

WEST

SOUTH

EAST

英倫經典

擁有豐富的時尚背景和皇室傳統，以及 Dandy 時尚的發源地，說起英倫風，經典紳士形象總是深植人心。走在倫敦街頭，經常可見優雅又經典的紳士形象，或年輕又有型的雅痞型男，從風衣、格紋、窄管褲等時髦元素，到牛津鞋、粗框眼鏡、領結等騷包配件，是無論男女生都會心動嚮往嘗試的耐看路線。

+ 永不退流行的英倫時尚代表 BURBERRY

英國經典老牌 Burberry 短短幾年內靠著新媒體攻占全世界年輕潮男潮女的心，倫敦市中心攝政街上的 Burberry 旗艦店就是最好的實體範例，不管你有沒有想趁英鎊便宜買件風衣犒賞自己，旗艦店裡完善的數位設備、貼心的個人化訂製服務、高貴的 Thomas's 英式下午茶體驗，都是時尚旅人必朝聖的景點。

Burberry Regent Street
☞ https://tw.burberry.com/
stores/regent-street-store/
⌂ 121 Regent St, Mayfair,
London W1B 4TB

+ 高貴不貴的英倫襯衫風尚

TED BAKER

以男士襯衫起家的 Ted Baker，是喜愛英倫時尚但荷包不深的小資族首選，帶有英式幽默的花俏印花，注重細節的設計和質感優秀的剪裁，尤其折扣季時通常都能買到很划算的襯衫和 Polo 衫。我們特別喜歡 Ted Baker 在倫敦柯芬園（Covent Garden）的專賣店，不僅是品牌發源地，更有種隱身巷弄中的低調質感。喜愛英倫俐落油頭造形的男生也不妨去 Ted Baker 旗下的理容廳 Ted's Grooming Room 體驗經典迷人的英式風味。

Ted Baker Covent Garden
☞ http://www.tedbaker.com/uk/
stores/store/70047 ⌂ 9-10 Floral St.
London WC2E 9HW
Ted's Grooming Room Covent Garden
☞ https://tedsgroomingroom.com/
locations/ ⌂ 33 Greet Queen Street,
Covent Gardne WC2B 5AA

+ 時尚老頑童的英式幽默
PAUL SMITH

一樣是充滿幽默童心的 Paul Smith，在倫敦一共有十幾家分店，每間的裝潢設計都各具特色。其中我們最喜歡的是位在西倫敦波特貝羅市集旁、坐落在一棟美麗英式大宅裡的 Westbourne House 分店，走進其中就好像進入 Paul Smith 本人充滿藝術與童趣的收藏館，從男女裝、童裝到訂製西裝一應俱全，還有許多他個人的藝術收藏，光是參觀就很享受。

Paul Smith Westbourne House
☞ https://www.paulsmith.com/　🏠 122 Kensington Park Road, Notting Hill, London W11 2EP

+ 龐克女王的叛逆時尚
VIVIENNE WESTWOOD

Vivienne Westwood World's End
☞ http://www.viviennewestwood.com/en-gb/　🏠 430 Kings Road, London SW10 0LJ

位在西倫敦雀兒喜區的 430 Kings Road，是龐克教母 Vivienne Westwood 起家的第一間小店 Let it Rock 店址，爾後演變為帶有奇幻色彩的 Vivienne Westwood 古董專賣店 World's End。超大復古圓形時鐘是不能錯過的經典店面招牌，在這可找到過去 Vivienne Westwood 時裝秀上的 Sample、配件，甚至回收製衣服剩餘的高級布料，重新加工改造，喜愛前衛獨特風格的人不能錯過。

+ 英國王妃指定優雅大衣
REISS

凱特王妃每次出場總是驚豔眾人，其中她鍾愛的優雅風格大衣，就是出自英國輕奢品牌 REISS，簡約又知性的設計風格，非常適合追求質感的女孩。折扣季時經常會有低於五折的折扣，投資一件能穿十年以上的經典單品非常划算。

REISS Regent Street
☞ https://www.reiss.com/ 🏠 172 Regent St, Soho, London W1B 5TH

+ 從倫敦紅到臺灣的經典英倫包
BEARA BEARA

從旅居倫敦時開始注意到英國獨立設計師品牌 Beara Beara，質感極佳的沉穩皮質，復古耐看的外型，繽紛大膽的撞色，異國風情的編織印花，手工訂製的精緻品味，讓人初次見它就留下深刻印象。而愈深入認識這個品牌，愈是對產品背後的幕後故事感到好奇，Beara Beara 總是洋溢著一股濃濃的旅行氛圍，原來品牌創辦人 Jake（左圖）曾是個旅遊作家，在一次拉丁美洲的旅行中遇見了在玻利維亞經營傳統皮件事業的夥伴 Julia，才促成了品牌的誕生，結合英倫獨立設計風格與第三世界國家的傳統工藝，短短幾年就從倫敦紅到臺灣。

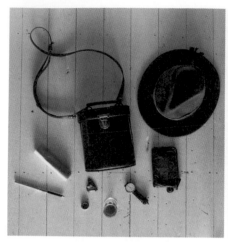

▲ Beara Beara旗下有非常多樣化的包款種類可供選擇。

在倫敦 King's Cross 旗艦店中，可以一次飽覽 Beara Beara 各系列包款，包括英倫味十足的經典書包（Satchels）、旅行必備後背包（Backpacks）和優雅又迷人的手提肩背包（Handbags），如同 Beara Beara的品牌精神企圖跳脫流行語言，讓時尚回歸到令人快樂的角色，這間麻雀雖小五臟俱全的店，一定能讓每個進店的人盡情恣意探索、逛到欲罷不能，最後開心地把最適合自己的「那一咖」帶回家！

BearaBeara King's Cross |
☞ https://www.bearabeara.co.uk 🏠 16-18 Whidborne St · London · WC1H 8EU

街頭時髦

先前提過，倫敦充滿來自世界各地的高街品牌，有些走大眾流行風格，有些則主打個性設計路線，能滿足各種不同風格的買家。此外，倫敦也有舉世聞名的複合式精品店，推薦給勇於嘗試、走在潮流尖端的時尚達人。

H&M姊妹牌！來自北歐的三大特色高街品牌

+ 法式文藝風時尚 & OTHER STORIES

帶著濃厚文藝氣息的 & Other Stories 自從創立以來已成為我們最喜歡的連鎖高街品牌。& Other Stories 以高街品牌的中價位販售設計師品牌的高質感，服裝設計充滿有趣細節，也經常找來世界各地的時髦型人跨界合作，每當打折季來臨時我們一定會瘋狂搶購。

& Other Stories Regent Street |
☞ http://www.stories.com/gb/ 🏠 256-258 Regent Street, London W1B 3AF

+ 北歐風極簡低調時尚 COS

另一個更偏向北歐極簡風格的 COS，則適合購買稍微高一點單價、萬年不敗的經典款單品，簡單低調的 look 就非常有型，大衣跟鞋子都很推薦。

Burberry Regent Street |
☞ https://tw.burberry.com/stores/regent-street-store/ 🏠 121 Regent St, Mayfair, London W1B 4TB

+ 街頭潮流女孩 MONKI

與前兩個品牌相比，Monki 的風格相對年輕潮流許多，價位也較低，有時會有一些不錯的印花單品和配件小物，像是購物袋、印花襪、太陽眼鏡等，適合送禮自用。

Burberry Regent Street |
☞ https://tw.burberry.com/stores/regent-street-store/ 🏠 121 Regent St, Mayfair, London W1B 4TB

+ 時髦男女首選
TOPSHOP/TOPMAN

英倫起家的高街品牌，與 Zara 和 H&M 相比價位高一點點，流行款很多，除了自家商品也精選不少設計師品牌和二手古著，時髦女孩男孩一定會愛不釋手。牛津圓環的旗艦店大到簡直像百貨公司，眼花撩亂，讓人一逛就是幾小時，所以還貼心設置飲料吧和熱食販賣部，讓人逛累能休息。

TOPSHOP Oxford Circus
☞ http://www.topshop.com/ 🏠 214 Oxford St, Marylebone, London W1W 8LG

+ 輕熟微性感 MISS SELFRIDGE

偶爾想走微露肌膚的女人味路線，或是正準備前往海島度假要來件印花長洋裝，來 Miss Selfridge 逛逛就對了。

Miss Selfridge Oxford Circus
☞ http://www.missselfridge.com/ 🏠 36-38 Great Castle Street, Oxford Circus, London W1W 8LG

+ 英倫插畫休閒風 BELLA FREUD

對 Bella Freud 的第一印象是店門口簡約童趣的狗插畫，也是英國設計師 Bella Freud 筆下經典的形象之一，其餘還有「1970」與「Je t'aime Jane（我愛你，簡）」等 Slogan 圖騰也非常受歡迎，被運用在男女裝、香水和生活用品等多樣設計上，散發濃濃的藝術氣息與高質感，超模凱特摩絲、Alexa Chung 都是品牌追隨者。

Bella Freud
☞ http://www.bellafreud.com/ 🏠 49 Chiltern Street, London W1U 6LX

+ 東倫敦搖滾個性代表 ALLSAINTS

說到搖滾、皮衣、騎士外套，就不能不認識從東倫敦起家的 ALLSAINTS，如果你覺得臺北的分店已經夠酷，那麼記得來逛逛東倫敦的旗艦店，欣賞一下整面牆陳列縫紉機的裝置藝術，瞧瞧正統英倫的不羈態度。

ALLSAINTS Spitalfields
☞ https://www.allsaints.com/ 🏠 1114 Commercial Street, Spitalfields London E1 6NF

+ 樓中樓設計選貨店
COUVERTURE & THE GARBSTORE

每次走進波特貝羅市集附近的這間 Couverture & The Garbstore 心情總是很好，明亮挑高的樓中樓空間，充滿實用又富含有趣細節的設計，設計師夫妻檔過去曾在 Paul Smith 旗下工作，無論男女裝和居家時尚都很在行。

Couverture & The Garbstore｜
☞ https://www.couvertureandthegarbstore.com/
🏠 88 Kensington Park Rd, London W11 2ES

+ 時尚人士必朝聖的複合式精品店 DOVER STREET MARKET

如果說每個城市都有一個極具品味代表性的指標，Dover Street Market 就是你在倫敦不能錯過的時尚聖地，由日本知名設計師川久保玲主導，整間店集結了當代藝術、前衛時尚和獨立設計，是你在單一品牌店絕對逛不到的獨家體驗，逛街逛累還能去頂樓的 Rose Bakery 來份厲害蛋糕加咖啡，請一定要排進行程。

Dover Street Market London｜
☞ http://london.doverstreetmarket.com/index.html 🏠 18-22 Haymarket, London SW1Y 4DG

All ©Dover Street Market

古著魅力

為什麼歐美街拍、名模私服穿搭總是這麼有型？除了人人都買得到的流行服飾配件，混搭幾件別人沒有的古著單品是致勝關鍵。若你過去不常逛古著店，對古著的印象還停留在二手舊貨，來到倫敦，不妨從以下幾家我們常逛的愛店著手認識，保證顛覆你的想像。若本身已是古著時尚迷，那麼在倫敦，你會發現更多與臺灣古著賣家不同風格的特色老件，種類更多元，價格也更可愛。從服飾、配件到居家小物，不怕買不到，只怕你行李超載。

+ 便宜有型挖寶好去處 BEYOND RETRO

Beyond Retro 可說是我們在倫敦最常逛的連鎖古著店，位在東倫敦紅磚巷巷弄中的 Outlet，經常可用 5 鎊 10 鎊的低價找到不錯的單品，是許多倫敦年輕潮男型女的挖寶好去處。

Beyond Retro Cheshire Street ▎
☞ http://www.beyondretro.com/en/
🏠 110-112 Cheshire St, London E2 6EJ

+ 復古迷俱樂部 ROCKET

另一間跟 Beyond Retro 相像的連鎖古著店 Rocket 也是不錯的選擇，復古繽紛的櫥窗總是令人印象深刻，店內商品都經過挑選和分類，逛起來更方便。以我們的經驗，柯芬園的分店經常有好貨。

Rocket Covent Garden ▎
☞ http://www.rokit.co.uk/ 🏠 142 Shelton Street,
London WC2H 9HZ

+ 古著迷的巨型倉庫　BLITZ

如果你走在東倫敦紅磚巷，很難不遇到 Blitz 的工讀生正發著打折傳單，告訴你這裡是倫敦最棒的古著店。事實上連許多知名媒體也這麼評論過，Blitz 販售的古著商品應有盡有，每週都有超過萬件新品上架，還附設風格獨具的咖啡廳，讓人來到這充分感受東倫敦復古潮流魅力。

Blitz ‖
☞ http://www.blitzlondon.co.uk/　⌂ 55 - 59 Hanbury Street London E1 5JP

+ 極致古著收藏控
ABSOLUTE VINTAGE

從西倫敦波特貝羅市集起家，爾後到東倫敦定居，每次走進 Absolute Vintage，都被放眼望去帶著狂放不羈的零亂卻整齊畫一排列的復古商品給迷得眼花撩亂，裡頭驚人的收藏，絕對是古著狂熱迷才辦得到。

Absolute Vintage ‖
☞ http://www.absolutevintage.co.uk/
⌂ 14 Hanbury Street, London E1 6QR

+ 流行古著首選
MINT VINTAGE

不同於大型的古著賣場，Mint Vintage 的每件古著單品都是由人工親自挑選，而非大量採購而來，不但風格得因應潮流趨勢，品質也經得起考驗。

Mint Vintage ‖
☞ http://www.mintvintage.co.uk/
⌂ 71 - 73 Stoke Newington High Street, London N16 8EL

+ 設計師古董商店 PELICANS AND PARROTS

若你和我們一樣喜愛舊時代時尚成痴，對於 Pelicans and Parrots 這種介於古著與古董精品的小店更是難以抗拒，來到這不僅是逛街，更像是在欣賞不同年代的時尚展演。

Pelicans and Parrots |
☞ http://pelicansandparrots.com/ ⌂ 40 Stoke Newington Rd, London N16 7XJ

+ 情侶搭擋精選古著
FOUND.LOVED

位在東倫敦紅磚巷旁巷弄中的古著店FOUND. LOVED，由一對時尚愛侶 Kate 和 Stephen 所開，低調的門面，可能得花你一些時間才能找到店面，但相信我們，這一趟探索絕對值得。只要一細看就能發現店內單品都來頭不小，無論是 20 年代的古著洋裝或 50 年代的蕾絲白襯衫，亦或是亂中有序的復古配飾，樓中樓的挑高空間，一步步引領你在其中找到心之所好（如店名所示）。

FOUND.LOVED |
☞ https://twitter.com/foundloved ⌂ 82 Cheshire Street, London, E2 6EH

16

一日倫敦人的風格散步

作　　者／NONTWINS
人物攝影／謝佩穎、游舜雯
責任編輯／余純菁、蔡錦豐
總 經 理／陳逸瑛
編輯總監／劉麗真
發 行 人／涂玉雲
出　　版／麥田出版
　　　　　台北市中山區 104 民生東路二段 141 號 5 樓
　　　　　電話：(02) 2500-7696　傳真：(02) 2500-1966
　　　　　blog：ryefield.pixnet.net/blog
發　　行／英屬蓋曼群島商家庭傳媒股份有限公司城邦分公司
　　　　　台北市民生東路二段 141 號 11 樓
　　　　　書虫客服服務專線：02-25007718‧02-25007719
　　　　　24 小時傳真服務：02-25001990‧02-25001991
　　　　　服務時間：週一至週五 09:30-12:00‧13:30-17:00
　　　　　郵撥帳號：19863813　戶名：書虫股份有限公司
　　　　　讀者服務信箱 E-mail：service@readingclub.com.tw
　　　　　歡迎光臨城邦讀書花園 網址：www.cite.com.tw
香港發行所／城邦（香港）出版集團有限公司
　　　　　香港灣仔駱克道 193 號東超商業中心 1 樓
　　　　　電話：(852) 25086231　傳真：(852) 25789337
　　　　　E-mail：hkcite@biznetvigator.com
馬新發行所／城邦（馬新）出版集團【Cite(M) Sdn. Bhd.】
　　　　　地址：41, Jalan Radin Anum,
　　　　　　　　Bandar Baru Sri Petaling,
　　　　　　　　57000 Kuala Lumpur, Malaysia.
　　　　　電話：+603-9057-8822　傳真：+603-9057-6622
　　　　　電郵：cite@cite.com.my
印　　刷／中原造像股份有限公司
總 經 銷／聯合發行股份有限公司　電話：(02)2917-8022　傳真：(02)2915-6275
初版一刷／2017 年 7 月
初版三刷／2018 年 9 月
著作權所有‧翻印必究
定　　價／新台幣 360 元

一日倫敦人的風格散步 / NONTWINS 著 .-- 初版 .-- 臺北市：麥田出版：家庭傳媒城邦分公司
發行 , 2017.07
　面；　公分
　ISBN 978-986-344-467-1(平裝)

　1. 旅遊文學 2. 英國倫敦

　741.719　　　　　　　　　　　　　　　　　106007926

Special thanks to

Cybill Wang, Pei Ying Hsieh, Shun Wen Yu, Jamie Wei Huang, Jean Yu, Stephy Wang,

Lang Long, Ling-Wen Yen and every lovely person who gave us kind love and help.